但陽信用金庫の「愛情経営」

こんな時代だからこそ、やっぱり会社は家族である

但陽信用金庫理事長
桑田純一郎

あさ出版

はじめに

私は幼い頃から親戚やまわりの大人たちにこう言われていました。

「この子は差し出る子やなあ」と。

「差し出る」とは、人のためになることを率先してやるということです。みんなが嫌がるようなことでも、「僕がやるよ！」と喜んでやってきました。

物心ついたときから、人の役に立つことをして「ありがとう」と感謝されることがなにより嬉しい子どもだったのです。

社会人になり、７００人規模の会社の経営者になったいまも、その性格はまったく変わりません。むしろ、経営者という社会的な立場になり、より一層、「どうしたら人に喜んでいただけるか」「どうしたら人を幸せにすることができるか」と考えるようになりました。

はじめに

会社には果たすべき使命があります。

この社会で何のために存在するのか、また、何をしなければならないのか。

「利益を上げるのが会社の使命であり、経営者の仕事」

そう考えるひとも多いでしょう。

しかし、私の考えは違います。

「人に喜ばれる仕事をする」、そして、

「人を幸せにする会社をつくること」

これが私の考える会社の使命であり、経営者の仕事です。

「人」というのは、まず会社のために働いてくれる職員、そして、私どもを利用してくださるお客さま、地域の住民のみなさま。つまり、我々と関係するすべてのステークホルダーを指しています。

私は、会社を「家族」ととらえています。

父親は、経営者である私。職員はみな、息子であり娘です。上司部下、先輩後輩は兄弟、姉妹。

親ならば、何を置いてもわが子の幸せを第一に願うでしょう。それと同じで、私は経営者（父親）として全職員（わが子）の幸せを考え、彼らが働く喜びややりがいを感じながら安心して仕事ができる環境を整えることに努力しています。

会社にとってお客さまはもちろん大事ですが、それ以上に職員一人ひとりの存在が重要だと私は考えています。

職員が一生懸命会社のために働いてくれるから、お客さまにご満足いただける価値を提供できます。顧客満足度が高まれば、それが会社の利益となり、永続的な安定経営を実現することができます。

ですから、企業が自らの使命を果たすためには、「永続性ある（続く）経営」の確立が不可欠なのです。

企業にとって売上げや利益はもちろん重要です。しかし、儲かること自体は企業の使命ではありません。利益は、企業がひとに喜ばれる価値を提供し、社会や地域に貢献し続けるために必要不可欠なお金です。

したがって利益を軽視することは経営者として失格です。

はじめに

会社を存続させるために必要な利益を追求することは経営の上で絶対不可欠な条件であり、経営者としての責任だからです。

ただ、目的と手段をはき違えてはなりません。

企業の目的とは、「人を幸せにすることであり、それを通じて地域や社会に貢献する」ことです。利益は、あくまでもそれを実現するための手段に過ぎません。

ところが最近、この目的と手段が逆転している企業が目立ちます。

儲かりさえすれば何でもいい。とにかく利益が増えれば、どんな方法を使ってもかまわない。たとえそれが社会的ルールに反することであっても――。

そうした売上げ第一主義、利益至上主義に陥った企業が、粉飾決算やさまざまな不正に手を染め、その結果、社会的信用を失い、存続の窮地に立たされ、破綻に追い込まれました。実名を挙げずとも、みなさんもご存知でしょう。

近年の企業不祥事は、すべて利益を上げることを「手段」ではなく「目的」にした過ちが原因で起きたことでした。

私たちはいま一度、「企業の目的とは?」「経営者の仕事とは?」と原点に立ち返り、じっくり考えるべきときなのではないでしょうか。

私が経営を預かっている会社は、地域に根ざした経営が基本の信用金庫です。自分たちが拠点を置く地域の中小企業や住民のみなさまに「なくてはならない存在」であり続けることを使命とし、そのために10年、50年、100年と存続する経営を目標としています。

多くの方に必要とされ、選ばれる企業になれば、利益はあとから必ずついてきます。もっと儲けなければ、利益を上げなければと求めなくとも、自然と利益が得られ、安定経営を続けることができるのです。

いま、多くの企業がこのシンプルにして普遍的な「会社を持続的に成長させる方法」を見失い、利益至上主義という誤った方向へ経営の舵を取っているように思えてなりません。

利益が思うように上がらない、経営者としてどのような会社にすればいいか迷っている、何のために働くのか、自分のできることは何か、目的がわからない……。いま苦しんでいる経営者や働くひとに何らかのヒントを与えることができるかもしれない。

そうした願いから、この本を著しました。

人に幸せになってもらいたい。

社会の役に立ちたい。

純粋なその想いが、働く喜びややりがいにつながり、１００年、２００年と続く会社に成長するのだと私は信じています。

この本が少しでも、人のために生きることを志す読者のお役に立てれば幸いです。

座右の銘「一生懸命生きる」

私たちの暮らしに何が大切かというと、一生懸命に暮らすということです。

一生懸命やるということが、たとえ歩みを遅らせたとしても、

最後は何かの成果を生んでくれる。

桑田純一郎

第2章 会社は家族

第3章

家族であるために

第4章

経営者の仕事

第1章

「山林経営」を目指す

長いスパンで物事を考える

▼経営とは「遠くをはかる」こと

「遠きをはかる者は富み、近きをはかる者は貧す。それ遠きをはかる者は、百年のために松杉の苗を植う、まして春植えて、秋実のる物においてをや、ゆえに富有なり、近きをはかる者は、春植えて秋実る物をも、なお遠しとして植えず、ただ眼前の利に迷うて、蒔かずして取り、植えずして刈取る事のみに眼をつく、ゆえに貧窮す」（「報徳要典」）

これは江戸時代の思想家であり農政指導者として多くの農村を救ってきた二宮尊徳の言葉です。

遠くをはかる者、すなわち長期的なスパンでものごとを考え、永続することを第一に行動する人間は裕福になり、短期的な利益を追うことしかできない人間はどこかで破綻する――。

いまから200年以上前の思想ですが、まったく古びていません。それどころか、むしろ現代に必要な姿勢と言えるのではないでしょうか。

それは、ここ10年の間に起きた企業をめぐるネガティブな出来事を振り返ってみると、よくわかると思います。目先の利益を追い求めるあまり、日本を代表するような大企業やそのグループ会社でデータ改ざんや会計操作などの不正が頻発しました。また、従業員に無理なノルマや労働を強要し続けた結果、過労死や過労自殺に追い込まれた例も目立ちました。

過去10年と申し上げましたが、こうした残念な現象は高度成長期、バブル期、リーマンショック後、そして世界的な経済停滞が続くいまも繰り返し起きていることです。

その原因について、さまざまな専門家がそれぞれの立場から論じておりますが、兵庫県の小さな信用金庫で長期的なビジョンを持ちながら、事業と人を育ててきた私には、あまりにも短絡的、かつ利己的な儲け主義の意識がもたらした結果に思えてなりません。

会社を経営することは、長期戦です。最初から一代で終えるつもりならその限りではありませんが、多くの経営者は、従業員や顧客をはじめとするすべてのステークホルダー、そして自分の家族の幸せのために、できるだけ長く健全な経営を続けたいと願っているでしょう。

そのために必要なのは、1年や3年、5年といった短期間ではなく、10年、50年、100年という長いスパンで会社の未来を考えることです。

▼つねに将来を見据えていた創業者

私に「遠くをはかる」ことの重要性を教えてくれたのは、当金庫の創業の地である兵庫県生野町（現在の朝来市）の歴史と、信用金庫設立に尽力した人たちです。

生野町はかつて銀山で栄えた町です。開坑はいまから1200年前と伝えられています。明治前後に最盛期を迎え、鉱山に携わる人たちでにぎわい、商業も活況を呈していくつかの金融機関が生まれました。大正15（１９２６）年に誕生した当金庫の前身、有限責任生野信用組合もそのひとつです。

しかし、資源には限界があります。とりわけ戦後は資源枯渇の不安から、町の先行きに危機感を覚えるようになっていました。

当時、当金庫の支配人だった桑田利文は私の父ですが、彼はいまはどんなに好況であってもやがて資源が尽きるなど銀山が閉山する日がやってくると予測し、生野のみで商いを続けることはできないだろうと判断。営業エリアの拡大とともに、本店の移転も視野に入れていました。

そして、昭和25（１９５０）年の第一号支店開設を皮切りに、次々と各地に支店を開いていきました。

本店を現在の加古川に移したのは、昭和63年のことですが、父はその19年前の昭和44年から加古川移転を考えていたと知り、つねに先を読んで手を打っていく経営感覚を持つことの重要性を教わりました。

▼林業に学ぶ

もうひとつ、私の考えに大きな影響をもたらしたのは、生野町が林業の盛んな地域であり、家業が林業であったことです。林業は、漁業や農業のように比較的収入が得やすい産業と違って、植林後、40年、50年と待たなければ収入を得ることができません。しかも、木を植えたら若芽のうちは鹿に食べられないように柵をしなければなりませんし、成長してきたら間伐もしなければなりません。水害の被害にあわないようにもしなければなりません。そうやって何十年も手塩にかけて育ててようやくお金にすることができるという、気の遠くなるような時間と手間を要する産業です。

樹木が立派に成長しなければ収入を得ることはできませんから、生命を育んでくれる自然に感謝をするようになりますし、神仏の恵みによってもたらされるものだという意識も生まれます。

なにより、木を植えて、手をかけて育てなければ、子孫に何も残すことができません。ですから、林業に携わる人たちは、子孫のために、将来のために、いま自分ができることをするのだという二宮尊徳の言葉にある「遠くをはかる」意識が強いのです。つねに何世代もあとの将来を見据えながら仕事をする一方で、いま自分が収入を得て生きていけているのは、先祖が我々子孫のために木を植え、豊かな山林を守ってきてくれたおかげであるという感謝の念も強い。自分の努力でいまがあるのではない、先祖たちの努力によって今日の糧を得ているという、連綿と続いてきた営みを身体で実感しています。

こうした感覚は、ほかの産業ではなかなか見出せないのではないでしょうか。漁業であれば、漁師が命がけで獲ってきたものは自分のもの。農業も、自分たちが種を蒔いて育て収穫をするのですから自分のものです。しかし、林業はそういきません。先祖が植えたものを伐採して、それを自分の収入にしながら、将来のために、子どもや子孫のために木を植える――。

ものすごく長期展望に立たないとできないのが林業なのです。

利益はあとからついてくる

▼創業の原点を忘れない

将来を展望しながら経営の舵取りをした創業以来の先輩たち。そして、先人の努力によってもたらされる恵みに感謝しながら、長期的な視野に立って計画を立てることの重要性を教えてくれた林業。

このふたつから学び得た経営の心得を、私は「山林経営」と呼んでいます。

じつは、父である桑田利文は戦後の再建にあたり、何度となく私有林を売却することで当金庫の危機を救ったという経緯があります。

思い返してみれば、私たちが今日の礎を築いてこられた背景には、つねに山林の恵みがあったのです。

但陽信用金庫の社章は「木」を図案化したものですが、これには、「樹木に対する感謝と、目先の利益にとらわれず長いスパンで会社の未来を展望するスタンスをつねに忘れない」という想いを込めています。

当金庫は2018年で創業91年になりますが、80周年を迎えたときに100年を目指して「命知《めいち》元年」と定めました。

これは、松下電器創業者の松下幸之助氏があるとき「200年後に世の中すべての人たちを豊かにする」という大志を立てられ、その年をもって「命知元年」と定めたことにならったものです。「命知」とは崇高な使命・志を知るという意味を持っています。

私たちも「但陽信金は何を目的として設立され、これから何をなすべきか」をもう一度原点に立ち返って見直そう、そのうえで志を共有する人間の集団として崇高な使命を果たしていこうという決意を示しました。

▼改めて考えたい「自社の存在意義」

「会社は何のためにあるのか」

「自分たちがすべきことは何か」

そう考えたとき、真っ先に私の頭に浮かぶのは、存続の危機を何度も救ってくれた「木」の存在です。

植えてからお金になるまで40年、50年の年月を要する木。先祖が心血注いで育て上げた木々があったおかげで、私たちは合併もせず、約1世紀にわたって独立独歩で歩んでこられたわけです。

したがって社章は木のマークです。

まわりの金融機関を見渡すと、この25年間、合併や破綻などが相次ぎ、再編の嵐が吹き荒れています。

特に信用金庫の場合、私が但陽信金に入社した1972年の段階で約630庫あったのですが、現在は264庫（2018年7月時点）まで減少しています。なんと半数以上もの信用金庫が合併などによって消滅してしまったのです。

そうした厳しい時代のなかでどこも合併することなく独立した経営を続けてこられたのは、創業から一貫して長期的な展望で経営を舵取りする「山林経営」を忠実に行ってきたからにほかありません。

ですから、「会社は何のためにあるのか、何をなすべきか」という問いに対する私の答えはシンプルです。

「人を幸せにするため、社会に貢献するため」。これがすべてです。

「人」というのは、まずは会社の一員として働いてくれている社員。そして、私たちを選んでくださるお客さまを指します。

経営にとってもっとも大切なことは、社員を幸せにし、お客さまに満足していただくこと。この両方が達成されてこそ、その会社の存在意義がある――。

創業以来、バブル経済の真っ只中にあっても、利益第一主義、拡大成長主義に陥ることなく、社員を大切にし、お客さまに喜んでいただけることを何よりも優先して経営を行ってきた諸先輩方から私が学んだもっとも重要なことです。

▼人の幸せのために行動する会社が栄える

社員一人ひとりが安心して働ける環境を提供し、仕事を通してやりがいや達成感を実感できるようにする。自社の商品やサービスがお客さまの日々の生活に、少しでも役に立てるよう創意工夫すること。そうした企業努力の結果、地域や社会に貢献することができるはずだと考えています。

当たり前のことですが、人を幸せにするにも、社会に貢献するにも、会社がなくなってしまっては実現は不可能です。ですから、グローバル化の進展にともない諸外国との競争が激化しても、人口減で経済が縮小しても、どんな悪環境におかれたとしても、会社を永続させねばなりません。

企業にとって利益を得ることは死活問題。しかし、それは「手段」であって「目的」ではありません。会社にとって最大の目的は「継続」することであり、人を幸せにし、社会に貢献することです。

これを実現するには、安定した経営を行うための原資である「利益」が不可欠。ですから、どうやったら利益を確保できるか戦略を練ることは経営者として重要な仕事ですが、それはあくまでも「社員を幸せにし、お客さまを満足させ、それをもって社会の役に立つ」という目的を実現するための手段に過ぎません。むしろ私は、「利益はあとからついてくるもの」と考えています。

なぜなら、社員に働きやすい環境と安定した暮らしが送れる給与を提供すれば、彼らは会社に対して感謝し、少しでも貢献したいと積極的に仕事に邁進《まいしん》するようになります。どうしたらお客さまに喜んでいただけるだろうかと考え、創意工夫する。その努力がお客さまに伝わり、満足度の高い商品やサービスを提供できるようになります。結果、お客さまから信頼され、評価され、選ばれる会社になる。そして、利益という果実をいただけるようになるのです。

私の言っていることを、ただの理想論に過ぎない。非現実的だ、と思われる方もいらっしゃるかもしれません。

しかし、私たちは一貫して山林経営を貫いてきました。その結果、地域のみなさまから絶大なる支持を得て、どことも合併することなく、ありがたいことに預金残高を創業から91年、ずっと伸ばし続けることができています。

私はバブル経済真っ只中だった１９９０年に理事長に就任しました。１９８８年に１６３８億円だった預金残高は、30年後の２０１８年には７３２３億円を突破しました。この間で４・47倍の増加になります。

全国的な信用金庫の預金残高伸び率は、同時期で２・13倍ですから、当金庫の伸び率の高さがおわかりいただけると思います。

▼利益を目的にすると会社はだめになる

経済的に苦しくなると、誰しもすぐに手に入るお金に目がいってしまいます。業績不振が続けば、なおさら目先の利益を追いかけたくなるでしょう。

しかし、企業が数字ばかり追うようになると、冒頭で述べたようにどこかで必ずひずみが生じてきます。

いまがどんなに苦しくとも、短期的な利益を手にしたところでその場はしのげるかもしれませんが、長続きしません。むしろ、「数字さえよければそれでよい」という経営が行きすぎると、リーマン・ブラザーズの経営破綻が示すように、最悪の事態を招く結果となってしまいかねません。

リーマン・ブラザーズはご存知のように、ハイリスク・ハイリターンのサブプライムローンの証券化を推進した結果、住宅バブルが弾け、資金の焦げ付きが深刻化し、巨大企業を消滅させるまでに至ったのでした。

最近の日本では、スルガ銀行の不正融資問題が象徴的です。シェアハウス向け融資に対して、審査段階で借り手の預金残高を水増ししたなどの不正が発覚したのをきっかけに、「多くの社員が不正を認識していた可能性がある」と社長が記者会見しました。会社ぐるみで不正融資に手を染めてしまったのは、増収益を続けなければというプレッシャーから営業部が審査部より優位に立ち、圧力をかけるなど、審査機能が発揮できなかったとのこと。その融資額は、顧客1258人に対して合計2034億円（2018年3月末時点）にものぼります。

目先の営業成績を上げることに走り、コンプライアンス意識が飛んでしまったのでしょう。まさに、利益至上主義が引き起こした失墜です。

スルガ銀行のみならず、企業の不祥事が発覚するたびに、やはり経営は利益を目的にしてはいけないと身を正しています。

「お金」を第一に考えない

▼地域と顧客あっての企業である

もう少し、会社と利益の関係について私の考えを述べたいと思います。

企業というのは、お客さまあっての存在です。

もう少し視野を広げれば、自分たちがビジネスの拠点としている「地域」あってこその我々です。

ですから、その地域で求められていること、お客さまに満足していただけるものを提供することが本来の企業の使命。したがって、私はつねにこう考えています。

「何をすればお客さまに喜んでいただけるだろうか」と。

利益は、自社の健全性を維持し、顧客によりよいサービスが提供できる程度に確保できればよいと考えています。利益が出なければ、地域の役に立つこともできませんし、お客さまに喜んでいただけるものを提供することもできません。利益云々を考えるのではなく、価値を生み出すことに一生懸命努めれば、地域やお客さまから支持されるようになり、それが結果として利益につながるのです。

これが利益のために、となると企業の行動はまったく変わってしまう。儲けを優先するようになり、あの手この手をつかって少しでも利幅を広げようと操作しはじめます。

そうした変化にお客さまは敏感です。「儲けることしか考えてないな」そう感じさせてしまったら最後、顧客は一気に離れてしまうでしょう。

私たちは創業以来、一度たりともお金を第一にすることはありませんでした。社員の幸せと、地域への貢献を最優先に取り組んできた結果、差別化がむずかしい金融業界にあって、独自性のあるビジネスモデルを確立し、地元の中小企業や個人のお客さまから厚い信頼をいただけるまでになったのです。

▼「人間性」で勝負する

金融機関が扱う商品は、基本的にはどこも一緒。商品の種類でオリジナリティが出しにくいため、各行とも競って貸出金利を下げることで差別化をはかろうとしてきました。

しかし、低金利競争は自分たちの収益力を削ぐことになり、そこから脱却しない限り、いずれ経営が危ぶまれる銀行も出てくると予測されています。

いま、人口減少や日銀のマイナス金利政策もあって、低金利以外の戦略が立てられずにいる多くの金融機関が収益確保に苦しんでいます。

私たちはこれまでもこれからも低金利や手数料の価格で勝負することはありません。

では、何で独自性を出すのか。それは、「人」に尽きます。

差別化がむずかしい業界だからこそ、職員の「人間性」で勝負し、お客さまの心をつかむしかないと、「いい人材」の確保と、「人材育成」に力を注いできました。

会社とは、人の集合体です。どんな人間が働いているか、どんな意識で仕事に向き合っているか。それによって企業の風土、社風はつくられます。ですから、人材の採用と育成はきわめて重要なのです。

▼社員は企業の道具ではない

どんな人材に但陽信金の一員として加わってもらいたいか。どんな職員に育ってもらいたいか。私には明確に求める条件があります。

それは、経営理念にも掲げている、「人間愛」にあふれた人です。

具体的には、「やさしさ」「思いやり」「誠実」の3要素が大事。

営業力があるとか、斬新なアイデアの持ち主だとか、企画のセンスが抜群だとか、即戦力に結びつくような要素は特に求めていません。そうしたビジネススキルは、あとからいくらでも身につけることができるからです。

それよりも重要なのは、人間性です。

どれだけ親身になってお客さまのことを考えられるか。「お客さまに喜んでいただきたい」という情熱があるか。問題が起きたとき、謙虚に誠実に向き合うことができるか。「お客さまのために、地域のために」働くこと、また、お客さまから「ありがとう」と言われたとき、自らの喜びにすることができるか……。

こうしたことは、あとから備えようとしてもむずかしい。やはり、これから仕事を覚えようという入社したばかりの時期が重要です。

当金庫では、お客さまとの商行為は「取引」ではなく、「おつきあい」と呼ぶように徹底させ、自らを金融機関ではなく、「地域のよろず相談所」として、顧客からのどんな相談にものるようにと教育しています。また、20年以上にわたり、全職員がボランティア活動に携わっています。

くわしいことはあとで述べることにしますが、こうした社会貢献活動を通じて、人に対するやさしさや思いやりが自然と育まれ、心の底から人の役に立ちたい、困っている人を助けたいという人間愛にあふれた職員がそろうようになったのです。

一朝一夕に、すばらしい組織になれたわけではありません。ここに至るまでには何年もの歳月を要しました。人が育つのには、時間が必要なのです。

多くの企業は採用したときからすぐに戦力として使える人材を求めます。効率や生産性を優先するあまり、人を育てることに労力をかけられない企業がずいぶん多い気がします。

しかし、職員は企業の道具ではありません。お客さまに喜んでいただくことを考えるのと同様に、職員が満足してくれる環境をつくるのも経営者である私の使命です。

これものちほど紹介しますが、当金庫には社員のためのさまざまな福利厚生を用意しています。職員は全員、宝であり家族です。彼らが安心してのびのび活躍できる職場を整備することに配慮してきました。

すぐに会社の経営理念や方針を理解し、即戦力として活躍してもらうことを私は望んでいません。職員一人ひとりが納得しながら、前に進んでくれたらそれでいいと考えています。

今日、植えた苗木が立派な成木になるには何十年とかかります。ゆっくりでもいい。着実に成長してほしいと願っているのです。

いちばん大切なのは、社員

▼お客さまから絶大な支持をいただけるのは社員のおかげ

「桑田理事長、会社にとっていちばん大切なものはなんですか？」

私はよく、経営者のみなさんが集まる勉強会などで講演をする機会があります。そこでたびたび聞かれるのが、この質問です。

会社にとってもっとも重要なもの——。私の答えはこうです。

「もちろん、社員です」

そう即答すると、みなさん意外に思われるようです。「お客さまではないのですか？」と重ねて確認されることもあります。あるいは「いや、利益を上げることでしょう」

とおっしゃる方もあります。

たしかに、お客さまも利益も大切です。

お客さまは神様だと言いますが、それはそのとおり。お客さまが商品を購入してくれたり、取引をしてくださるから利益が上がる。利益があるから、会社を存続させることができる。そういう意味で、お客さまは神様です。しかし、いちばんではない。

お客さまが商品を買ってくださるのも、取引をしてくださるのも、社員がお客さまのニーズをしっかりと汲み取り、ご満足いただけるための努力を重ねているからです。

それだけではありません。

私たちは良質な金融サービスの提供はもちろん、地域やお客さまが求めるあらゆるニーズに応えることで、「地域になくてはならない存在」を目指しています。

そのための取り組みとして、各店舗に「よろず相談室」を設け、取引の有無にかかわらず、健康や福祉、介護、暮らしの困りごとなど、あらゆる相談にのっています。

また、地域の盆踊りや夏祭り、マラソン大会などのイベントから清掃活動などの行事には必ず職員を派遣し、盛り上げ役を買って出るとともに準備から片づけまで率先してお手伝いをしています。

こうした地域貢献活動を地道に続けてきた結果、地域の方々から「但陽さんが地元にあるおかげで助かっている」「但陽さんは『どんなことでもおっしゃってください』と言ってくれるので、本当に安心」といった評価をたくさんいただいております。

優秀で心やさしい職員のおかげで、幅広い顧客に但陽ファンが増え、預金取引先数を増やすことができている。

ですから、会社にとっていちばん大切なのは紛れもなく社員なのです。

▼社員が満足すれば、顧客も満足する

会社を経営していると、どこかで何らかの経営課題にぶつかるものです。

「優秀な人材の確保・育成がむずかしい」「新商品開発、新規事業がうまくいかない」「ブランド力が弱い」「財務体質を改善したい」……。みなさん、さまざまな課題を抱えていると思いますが、多くの経営者の共通の悩みは、収益に関することではないで

しょうか。モノが売れない。利益が上がらない。収益が拡大しない……。こうした嘆きを、経営者の方々からたびたび耳にします。

たしかに、利益を上げることは会社を永続させるために不可欠です。しかし、私はこう考えています。

売上げが上がるのも、利益が増えるのも、いったい誰のおかげでしょうか。

ほかでもない。社員です。

彼らが、お客さまのために貢献するにはどうしたらいいだろうと知恵を絞り、汗を流して頑張って働いてくれるおかげで、売上げも利益も上がるのです。

経営者は、収益を確保しなければ、会社を続けることができない……と、お金ばかりに目がいってしまいがちですが、その原資となるのは、社員一人ひとりの力です。しかも、情報や知識、サービスが利益を生み出す現代において、よりいっそう、社員の存在が重要になってきています。ですから、経営者としては、彼らが存分に力を発揮してくれるように、必要な条件を整えてあげなくてはならない。

社員がそれぞれの持っているポテンシャルを活かし、最高のパフォーマンスを発揮してくれるために経営者がやらなければならないこと。それは、彼らが喜ぶこと、満足することを提供することです。

働くことにやりがいや喜びを感じ、満足すれば、会社のためにもっと貢献したいという意欲がわいてくるでしょう。自分たちの会社を自分たちの手で守りたいという忠誠心も醸成される。そうした高い意識を持った集団をつくれるかどうか。そこに、会社が持続的に利益を生み出し続けるための要諦があるのです。

長期的スパンで物事を見極め、永続することを目標とする「山林経営」を経営の基本としている当金庫にとって、利益を生み出し続けてくれる社員は、本当の意味での資本だと考えています。ですから、私はつねに社員の満足を考えています。

よく「顧客満足度（CS）を高めることが大事」といいますが、経営者がまずもってやるべきことは「従業員満足度（ES）」を高めることです。

社員全員が「この会社に勤めてよかった」と思えることが、日々の業務を通じて、お客さまにも「但陽信金とつきあってよかった」と感じていただける「顧客満足経営」につながると考えています。

第2章

会社は家族

結局、ファミリーがいちばん強い

▼社員はみな家族

社員の満足度を高め、幸せを実感できる会社をつくること。それがお客さまの満足度向上につながり、持続的に利益を生み出し続ける会社に成長することができる。そして、社員とお客さまが喜んでくださる経営を続けていれば、社会から必要とされる企業であり続けられる――。

それが当信金が創業以来、揺らぐことなく実践してきた「山林経営」の要です。

長期的視点に立ち、「続ける」ことを第一に、社員を大切にする経営を続けてきた結果、規模は小さいながらも着実に成長することができています。

手前味噌ではありますが、社員を大切にする経営が、会社の成長につながるということを示していると言えるのではないでしょうか。

では、どのようにして人を大切にしているのか、社員の満足度を高めるためにどんな施策を行っているのか――。私が経営者として実践していることを具体的に述べることにしましょう。

まず、私の経営の根幹を支えるのは「社員はみな家族」という思想です。

私がこう考えるようになったのには、ふたつ理由があります。

まず、創業を支えた中心人物のひとりである父・桑田利文の思想を受け継いでいることがあります。

父は、経営者としてその志を成し遂げるためには、いい人材を育て、増やすことがもっとも重要との考えから、「蓄財」よりも「蓄人」だと繰り返し述べていました。

その思想を反映し、当金庫の経営理念は「正義」「革新」「人間愛」の三つを掲げております。

およそ金融機関とは思えない経営理念にお感じになる方もいらっしゃるかもしれま

せんが、この三つには私たちが求める人材像が反映されています。

「正義」……不正や粉飾といった企業の不祥事が後を絶たない時代に、そうした悪の芽が出ないよう、矛盾や不正に対して毅然とした態度で臨み、社会正義に照らして職務をまっとうする人材を求めます。

「革新」……つねに現状に甘んじることなく、時代を先取りし、お客さまが求めるものをいち早く提供できるよう、イノベーションに努める人材を育てていきたいと考えています。

「人間愛」……人間本来のやさしさや思いやりといった美徳が失われつつある時代に、人としてどう生きるかを問い直し、本質を取り戻すべきだという視点から「人間愛」あふれる社員であってほしいと願っています。

こうした資質を備えた人材を育てるために必要なのは、人間教育です。つまり、親がわが子を育てるのと同じ。愛情を注ぎながら、手塩にかけてじっくり教え、導いていく。「社員はみな家族」と考える第一の理由はこうした人材育成の観点からです。

私たちがビジネスの基盤としている金融業界には、いま再編の波が押し寄せていま す。合併や吸収が進み、今後は消滅する金融機関も出てくるでしょう。こうした厳し い環境下で単独経営を貫くには、他社とは異なる独自性を持たなければなりません。

当金庫が実践する「家族主義」、そして全社をあげて「人間愛」を醸成することは、 強い独自性の発揮につながるものと確信しております。

▼会社のピンチを救う団結力

社員を家族とする理由は、もうひとつあります。

危機に強い組織をつくるため、団結力と、変化に対する対応力をつけるためです。

会社という組織のなかにいると、どこかで壁にぶち当たるものです。

会社はみな存続をかけて、利益を生み出し続けなければならないわけですが、資本 主義社会においては、どんな企業にも競争原理が働き、つねに淘汰されるかもしれない危機にさらされています。

だから、どの企業も生き残りをかけ、必死に利益を生み出すための方策を練り、競合他社に負けぬようしのぎを削っているのです。

それは、うまくいくこともありますが、失敗に終わることもあります。失敗は会社にとって損失につながります。規模が大きければ、存続をも揺るがすことになりかねませんから、必死で巻き返しを図らねばなりません。

大企業であれば状況は異なりますが、我々のような中小企業にとっては総力戦で挑むことも必要になってきます。

会社のピンチを救うのは、やはり社員です。役員や管理職だけが「このままではまずい」と危機意識を持ち、対応しているだけでは、変化の激しいいまの時代、間に合いません。社員一人ひとりが、会社を支える重要なメンバーであるとの自覚を持ち、素速く対応できる実戦部隊であることが重要です。

いえ、最新だと思っていたものが、いつの間にか陳腐化してしまうようなこの時代においては、何かあったときに対応するのでは遅い。

つねに人々のニーズがどこにあるかを探り、絶えずその要求に応えようと意欲的に仕事と向き合う人材が必要です。

そうした人間が社内にどれだけ存在するか。これによって、その会社のポテンシャルは大きく変わってきます。

いざというときに組織が団結できるか。イノベーティブな人材をどれだけ輩出できるか。これは、社員の会社に対するファミリー意識が強ければ強いほど高くなると、これまでの経験から実感しています。

いまや「愛社精神」というのは死語に近いのかもしれませんが、会社が社員の幸せを第一に考え、本人たちがその厚遇に満足していれば、「自分を大切にしてくれる会社のために貢献したい」と考えるでしょう。人間は、受けた恩に対してなんとかして報いたいと考える生き物なのです。

社員の満足度を高めるために、具体的にどのようなことを行っているかについてはのちほど詳しく述べますが、社員を家族として大切にすることで、当金庫の社員たちは期待する以上のパフォーマンスを発揮してくれているのです。

▼人の犠牲のうえに成り立つ利益は利益ではない

本書の『こんな時代だからこそ、やっぱり会社は家族である』というタイトルを見て、なんて時代錯誤な、と感じた方もいらっしゃるでしょう。しかし、私は会社という組織をひとつの「家族」としてとらえることは、古くて新しい企業戦略だと考えています。

ご存知のように、企業というものは利益を継続的に生み出さなければなりません。そのためには、競合他社との違いを何らかの形でつくる必要があります。

横並びでは利益を上げられない時代、オリジナリティや他社が提供できない価値を生み出すことでしか市場で生き残ることはできないでしょう。

逆に言えば、その「違い」が際立っていればいるほど、その企業は利益を生み出し続けることができるといえます。

私は、「会社は家族」という但陽流のカラーをより深化させることが、強力な「違い」につながると考え、企業戦略の大黒柱に据えています。

最近は、社員を大切にする企業が増えておりますが（当金庫を取り上げてくださった坂本光司先生の『日本でいちばん大切にしたい会社』（あさ出版）を繙《ひもと》くと、よくわかります）、一方で、社員を「利益を上げるための道具」のように扱う企業もいまだ多く残っています。

しかし、人の犠牲のうえに成り立っている利益は、利益とは言えません。不安定な雇用形態で労働させたり、心身を蝕むまで無茶なノルマを強いたり、仕入れ先を安く買いたたいたり、不可能な納期を押しつけたり……。

こうした理不尽な行為によって、どれほど大きな利益を得たとしても、それはその会社にとってプラスになることはないでしょう。自社の利益のためなら、どんな手段も辞さないという姿勢が、社会から認められることはないからです。

実際、自己利益のみを追求した結果、法的に問われ、社会的信用を失い、苦境に陥った企業は少なくありません。

ここでも、利益のみを目的とすることが会社にとっていかに危険か、おわかりいただけると思います。

利益ではなく、永続を目的とするからこそ、働く人の幸せを第一に考え、家族と同じように愛情をかけ、個々人の能力や性質を見極めながら、生き生きと仕事ができる環境を提供することに努めています。

私としては、「会社にとっていちばん大切なものは社員」という原点から、家族主義の考え方が生まれたわけですが、それが結果的に当金庫の独自性につながり、地域の方々から絶大なる信頼を得ることができています。

それは、流動性預金比率全国11位（全264信用金庫中）、個人融資の貸出金比率も全国11位という実績にもあらわれています。

激動の時代に、一企業が永続することは並大抵のことではありません。しかし、利益を追求するよりも、社員を大切にする。

そして、家族同然に接する。

結局は、これがいちばん強いと確信しています。

社長は親父、職員は兄弟姉妹

▼全寮制で育まれるファミリー意識

当金庫の家族主義を象徴するのが、「寮制度」です。

独身男性社員は全員、寮に入ることを義務づけています。

現在、四つの寮があり、約70人の若手男性社員が住んでいます。寮生たちには、先輩はお兄さん、後輩は弟だよと教えています。新入社員が入るときは、先輩たちに「今度、新しい弟ができるからいろいろ教えてやってな」と言い、新人には、「先輩のお兄さんたちにかわいがってもらえるように」と。そして「1年たったら後輩が入ってくるから、今度は兄としてしっかり弟の面倒をみてあげなさい」と伝えています。

寮制を導入したのは、昭和40（1965）年頃からです。当時、理事長だった父は、高卒で入社する社員が多く、離れた地域に住んでいる社員が多かったことに加えて、団体生活に早く溶け込んでもらいたいとの配慮から、社員寮を建てました。その後すぐに大卒の社員が増えたのですが、寮は金融機関に携わる人間の心構えや生活指導をしていく人間教育の場としたいという考えから、この方針は現在まで変わらずに続いています。

時代の流れとともに入寮をきらう傾向があったのは事実です。寮の存在意義が問われるなか、平成に入り、私が理事長に就任した平成2（1990）年、廃止してはという思いもありました。

しかし、「人間愛」を経営理念のひとつに掲げ、社員には人としてのやさしさと思いやりをもっとも大切にしてほしいと考えている私は、寮での団体生活で育まれる先輩後輩を敬う気持ち、寝食をともにすることで自然と醸成される家族意識が、今後の但陽信用金庫にとってかけがえのない財産になると強く感じていました。

幹部以下、全社員に対し、寮の重要性を改めて強調し、以降、入社試験の最終面接で入寮の趣旨を説明し、「特段の事情がないかぎり、独身男性は寮に入ること」を条件としました。

寮制の背景には、核家族化、個人主義が広がっている現在、自己中心的な考えをする人が増えていることに対する危惧もあります。

個人主義とは、あらゆる選択を個人の自由に任せるべきだという考え方です。それは、自分の利益のために何をしようがそれは自由だという利己主義につながり、我々が大切にするやさしさや思いやりといった価値観とは真逆のものです。

私は、金融機関の使命とは、自らが経営基盤とする地域の発展に寄与することだと考えています。特に、地域密着型で地元の中小企業、小規模事業者、個人事業主、そして地域の一般の方を顧客とする地域金融機関と呼ばれる地方銀行、信用金庫、信用組合はなおさらです。

こうした理念から、自らを金融機関ではなく「地域の町医者」「交番」「よろず相談所」と位置づけ、創業以来一貫して地域のため、地域の企業や住民のみなさんのために全社員一丸となって汗を流してきました。もちろん、私自身もです。

自己中心的な考えの持ち主では、利他の精神は発揮できません。「鉄は熱いうちに打て」といいます。柔軟性と豊かな感受性を持った若い社員たちに、我々のDNAを受け継ぎ、自らの血肉としてほしい。そうした想いからの「寮制度」なのです。

▼「会う人すべて師」の心構えで

また、金融機関に勤める人間にとって、もっとも大切なことはモラルであり、お金を扱うという自覚がなくては金融機関は守れません。私は、「企業の盛衰は、そこに勤める職員のモラルによって決まる」と考えています。

倫理観や正義感を養ううえでも、寮での団体生活は役立つはずです。寮生活をすることによって先輩は後輩の指導や相談相手になってやり、後輩は先輩からいろいろ教わることができ、「兄弟、そしてファミリー」の間柄が人間性を高めていくのです。

これも私自身のモットーですが、「会う人すべて師」という考えを持っています。

「善い人に遇《あ》って教えられ
悪い人に遇って反省すれば
善いことも悪いことも
共に我々にとって教えの素になる」

寮生活では、いろいろな性格の人間と共同生活を送らねばなりません。なかには、自分と合わないタイプの先輩後輩もいるでしょう。そうした相手を、「あの人は苦手」と避けるのではなく、「会う人すべて師」ととらえ、自分にないものを吸収しよう、異なる考えも受け入れるようになろうと努力することで、幅の広い大きな人間に成長することができるでしょう。

入社試験の最終面接では、寮制度に込めたこうした想いに加え、「営業エリア内でのスナック・バー・クラブへの立入禁止」を伝え、我々の理念や使命、目指すものを理解し、共鳴してくれる人に来ていただいています。

▼父親として社員を育てる

寮生とは一緒に食事をしたり、ときに酒を酌み交わしたり、とにかく接する機会をできるだけたくさん持つよう心がけています。

寮生に限らず、社員との関係性において私がいちばん大切にしているのは、自分にとって全社員はかわいい息子や娘だということ。接する機会が増えれば増えるほど、わが子のごとくに愛情がわいてきます。

私は社員たちの親父として、息子たち、娘たちの悩みを聞いてやったり、将来の夢や目標について聞かせてもらい、親身になってアドバイスや励ましの言葉をかけています。

社員の悩みを聞くことは、社長の仕事のなかで重要なもののひとつであると考えています。

会社という組織に入ったら、誰しも何らかの壁にぶつかるものです。ミスをしてしまったり、仕事がなかなか覚えられなかったり、職場の人間関係がうまくいかなかったり……。

こうした悩みや不安を抱えたままでは、その子が持っている本来のポテンシャルを存分に発揮できません。

できるだけ早く彼らの問題を取り除いてやり、のびのびと仕事に専念できるようにするのも、親父としての私の仕事です。

どうすれば解決できるか、社員一人ひとりときちんと向き合い、本気で考えてやることで、但陽人として大切にしてほしいやさしさや思いやり、正義を重んじる姿勢が自然と体に浸透していくだろうと、一人ひとりの成長を楽しみながら見守っているのです。

一方、当金庫は、現在34の店舗があり、約680人の社員が働いています。社員は全員、息子娘というのであれば、全社員のことを把握していなければならない。しかしながら、680人という規模になると、すべて顔と名前を一致して記憶するのはむずかしい。どうやったら、ひとりでも多くの社員と接することができるか……。

▼個人携帯を全社員に公開

まず取り組んだのは、私個人の携帯電話の番号を全社員に公開することです。

「悩んでいること、困っていること、何かあったら遠慮せずに〝おやじ〟に相談してほしい。いつでも電話しなさい。相談にのるよ」

つねづね、社員たちにそう声をかけています。特に、入社してまだ日の浅い新人のみんなは、初めての仕事や慣れない人間関係などに戸惑い、悩みを抱えているケースが少なくありません。

私にとって、彼らは大事な息子娘たちです。子どもたちが壁にぶつかったり、つまずいてしまったときは、どうすれば壁を乗り越えられるか一緒に考え、よりよき方法へと導いてやるのは父親の役割です。だから、自分の携帯電話をオープンにし、全社員が自由にアクセスできるようにしているのです。

「いつでも」というのは、体面上の言葉ではありません。私は24時間どこにいても携帯電話を必ず持参しています。就寝時は、枕元に携帯を置き、いつ電話が鳴っても即対応できるようにしております。

たとえ会議中であっても、社員から着信があった場合は、よほどのことなのだろうと思い、電話に出るようにしています。

680人の社員と私をつなぐこの携帯電話を「ヘルプライン」と呼んでいます。ヘルプラインは、私のほか、研修担当の室長と課長、それに女性係長の番号もオープンにしていて、全支店に貼り出しています。

いざというときは理事長に相談できる、理事長が相談にのってくれる、というのは大きな安心材料となっているのでしょう。「ヘルプライン」は多くの社員から感謝されています。

ヘルプラインの担当者に女性を加えたのは、女性にしか打ち明けられない女性社員の相談ごともあるだろうとの配慮からです。

実際、ある支店の女性職員から「支店長のパワハラを受けている」との相談があったと報告を受けたことがあります。

事実であれば、早急に対応しなければなりません。私はその支店の女性職員を全員集め、「こういう報告が上がっているけれど、みなさんのなかにも理不尽なことを言われたり、パワハラと思われる行為を受けたことがある人はいますか？」と聞いてみました。

すると、複数の女性から同様の声があがりました。

問題であることは確実です。

すぐに、支店長を呼び、事実を確認すると、よかれと思って厳しいことを言ったことはあるとのこと。それがパワハラだとは本人は認識していなかったようですが、リーダーとして自覚がなさすぎます。

本人には支店長を降りてもらうほかありませんでした。

このようにして、私の目が届かないところで悩んだり、苦しんだりしている社員がいることのないように最大の心配りをしているのです。

▼経営者としての原点は、社員への感謝

「悩みがあるなら、『助けて』と声をあげる勇気を持ってほしい。こちらがどんなに相談にのる体勢でいても、言ってくれなければみんなの悩みに気づいてやることはむずかしい。だから声をあげてほしい。解決できるかどうかは別だけれど、どうしたらいいか、一緒に悩み考えることはできるから」

私はしょっちゅう職員とのコミュニケーションをとるようにしているのですが、そこでみんなには繰り返しこう伝えています。

「私に電話をかけてきなさいというのは本気だよ」

ということをわかってもらうためです。

ただ、個人の携帯番号を公開していると、どこかから情報が漏れてしまい、おかしな電話がかかってくることも正直あります。しかし、そんなことを怖れていては、息子や娘たちの切羽詰まった悩みを聞いてやることができなくなります。私は見ず知らずの人からのおかしな電話がかかってきても動じません。「文句があれば警察に言え」

と言って切ればいいだけのこと。家族である社員を守ることに比べたら、ささいなことに過ぎません。

こうした私の意識の根底には、「自分は社員たちに支えられている」という想いがあります。

私はたまたま理事長の息子として生まれただけで、自分に能力があって但陽信用金庫という組織のトップを務めているわけではない。社員のみんなが一生懸命、但陽のために働いて支えてくれているから自分は理事長としていられるのだ――。

「社員に対する感謝」

これが、経営者として仕事をするうえでの原点なのです。

人件費はコストではない。社員は宝

▼他社より2割人員が多い理由

「但陽さんは職員が多いですね」

金融庁の検査が入るたび、担当の方が当金庫の現況を調査されながらこうおっしゃいました。また、「同規模の信用金庫と比べると、人員は2割（約100人）ほど多いですね」とも。

しかし、それは比較の問題で、いったい「多い」「少ない」の基準はどこにあるのでしょうか。

私自身は、決して多くはない、適正人員だと認識しています。

職員のことを第一に考えていますので残業はできる限りさせたくない。

また、「会社は家族」を標榜する当金庫は、社員自身の家族も大事です。女性が子どもを安心して産める企業であるために、産前産後の育児休暇をしっかり設けています。出産と子育てで2年休む社員がいたら、その補充も必要です。

加えて、私たちは「よろず相談金庫」を目指しています。地域のためにどんなことでもさせていただく心づもりで、その実践として各店舗に「よろず相談所」を設けています。ここでは、当金庫と取引のあるなしにかかわらず、どんな相談にも応じています。地域貢献活動はそれだけではありません。地域のお祭りなどの催しには準備から片づけまで参加し、積極的にお手伝いさせていただいています。

こうした地域貢献活動を行うには、通常の金融業務とは別に人員を確保しなければなりません。

したがって、職員数が多すぎることはない。全員が人手不足を感じずに、かといって余剰感もなく、ちょうどいいバランスで仕事に邁進できている。私たちにとっては、いまの人数が適正人員なのです。

▼人を大切にしない会社は長続きしない

「職員が多い」ということは、見方を変えると、固定費である「人件費も多い」ということになります。「職員が多いと人件費がかかって大変じゃないですか？」などと言われることもありますが、それは、人材を「コスト」ととらえている方の意見です。

利益を増やすためには、経費を抑えるしかありません。売上げが落ちていれば、人件費の削減がもっとも手っ取り早く効率的だと考える人も多いでしょう。

実際、これまで多くの企業がリストラを敢行し、不採算部門の切り捨て、人員整理を行ってきました。早期退職希望者を募集したり、人は減らさないかわりに年収を削減する策をとる企業もあります。

それだけでは足りず、正社員の数を減らし、福利厚生費や社会保障費などのコストが抑えられる派遣社員やパートなどの非正規雇用の割合を増やす企業が目立ちます。

大幅な人件費削減策によって、いったんは企業の業績は回復するかもしれません。

しかし、辞めざるを得なかった人たちの生活はどうでしょう。収入が断たれ、生活が不安定な状態で再就職先を探さなくてはなりません。すぐに見つかればまだいいのですが、なかなか見つからず、「再就職難民」となる人も少なくないようです。

人件費削減によって収益を確保しようという考えは、企業側の理屈。働く人々のことなど一切配慮されていません。

人の犠牲の上に成り立つ利益は、利益ではない。前にこう述べました。人件費削減によって一時的に収益が回復するかもしれませんが、それで会社がよくなったとはいえません。「人」という大切な財産をコストとしてしかとらえず、リストラという安易な方法に頼るような企業は、長期的に繁栄することはないでしょう。

もちろん、無駄な経費がないか見直し、経営を効率化することは、経営者としてやらねばならないことです。利益を確保するために、自社の商品やサービスの品質を向上させたり、顧客ニーズに合った新しい価値を生み出す努力も必要です。

世界的な経済の低迷、人口減による需要の低下など、モノが売れない時代だからこそ、経営者は、どうすれば利益を上げられるか、生産性を向上できるかの知恵を絞り、汗をかかなければなりません。

その努力を怠り、あるいは知恵が出ないからといって人件費削減に手を出すのは、経営者としてもっともすべきではない悪策です。

人件費を削り、人を減らして賃金や福利厚生費を抑えると、優秀な人材が離れていきます。残った人たちのやる気も低下します。人員が減ったぶん、残った社員で対応しなければならないため、サービスや品質の劣化につながる危険性もあります。1人あたりの業務量が増え、長時間労働を強いられる社員が出てくると、疲労やストレスから仕事のレベルが下がってしまうケースも出てくるからです。ミスや事故が増えるかもしれません。そうなると、お客さまは離れてしまうでしょう。

正社員を減らし、非正規雇用の派遣社員や契約社員を増やすのも得策とは言えません。有期雇用者は会社に対する帰属意識が薄い傾向にあるため、組織が弱体化する可能性があります。

このように、目先の利益だけを追い求める姿勢は、会社の存続を脅かすことになりかねません。収益構造を立て直すための人件費削減が、かえって業績悪化を招くことがあるのです。

会社にとって、社員は大切な経営資源であり、宝です。社員を減らして固定費の削減に成功しても、それが会社の成長につながることは、私はないと考えています。

持続的に収益を増やすために経営者がやるべきことはふたつ。

第一に、社員の雇用を守り、彼らが安心して仕事に打ち込める環境をつくること。

第二に、将来を見据え、顧客ニーズを先取りした戦略を打っていくこと。

私は究極的には、このふたつさえしっかりと実践していれば、クオリティの高い商品やサービスを市場に提供し続けることができ、継続的に利益を上げられる好循環体質が会社に備わるものと確信しています。

▼兄弟姉妹を家族で支え、守る

当金庫では、これまでもリストラはしていないし、これからもしません。社員は家族であり、会社にとってかけがえのない宝だからです。彼らの雇用と生活を守ること。これが私の使命だと認識しています。

６８０人の社員はそれぞれにさまざまな資質を持っています。走らせたら1番になる人間がいれば、ビリになってしまう人間も必ずいるのと同じように、仕事ができるタイプ、要領の悪いタイプ、いろいろいます。

しかし、私はたとえ仕事の能力がそれほど高くなくても、お客さまのために、地域のためにと一生懸命働き、汗を流せる人材であれば、十分価値があると思っています。人と比べて時間がかかったり、飲み込みが悪かったり、小さなミスを犯しがちだったりしても、お客さまのために仕事をすることをモチベーションにがんばってくれていれば、その社員は立派に当金庫のよき企業文化を築き上げるのに貢献しているといえます。

私の人材に対する考え方はこうです。

優秀な能力があるかどうかより、当金庫の経営理念や方針をしっかり理解し、単なるお題目ではなく、自分の血肉として取り入れることができているか。私たちと同じ価値観で仕事に向き合っているかどうか――。こちらのほうがより重要だと考えています。

ですから、採用の際には、やさしさや思いやり、誠実であることを大切にして、お客さまに喜んでいただけることを第一に働くことができるかどうかを重要な判断材料として見極めています。

ときに、自分の能力が追いつかず、仕事がうまくいかなかったり、成績が伸びないこともあるでしょう。どんなに頑張っても結果がついてこなければ、誰しも悩むものです。落ち込み、思い悩み、もがいてもどうにもならず、うつ状態に陥ってしまう社員もなかにはいます。

我々は、そうした精神的に弱い人を支えてやらねばなりません。社員同士はみな、兄弟姉妹です。自分の弟や妹が落ち込んでいたら、家族で守る。社員たちにはいつもそう伝え、実際、悩みや課題を抱えている社員がいたら、家族のみなで支え合うようにしています。

年上が年下の世話をする。強い者が弱い者を支える。

家族主義を貫く、私たちが創業以来大切にしている価値観のひとつです。

社員への厚遇が効率経営につながる

▼たとえ赤字に転じても雇用を守る

社員に残業をさせない。産前産後の育児休暇を十分にとってもらう。「よろず相談信金」を目指して、全社員をあげて地域貢献活動に取り組む――。

こうした独自の経営方針を実現するために、当金庫の職員数は同業他社よりも2割ほど多いことはすでに述べたとおりです。

職員の数が多ければそれだけ人件費を要しますが、会社にとって人件費は組織が永続するために必要不可欠な資金です。社員の健康と将来の人生設計のために必要な福利厚生費も、快適な職場環境づくりのための資金も、絶対に削ってはならない必要経費です。

地域あっての我々ですから、地域貢献のための経費も大事です。

長きにわたって永続することを企業目的にし、地域の繁栄に貢献することを理念として掲げる「山林経営」は、利益第一主義の経営からすると、理解不能でしょう。

しかし、人件費をカットして会社の利益を増やしても、その年の決算は収益性が向上するかもしれませんが、付け焼き刃の一時凌ぎにしか過ぎません。永続性ある経営を続けたいと考えるのであれば、当面は苦しいかもしれませんが、たとえ一時的に赤字に転じても、社員の雇用はしっかりと守り、会社の経営理念を体現してくれる人材を育てることに必要な時間とお金を投じるべきです。

経営者として重要視するのは、金融マンである以前の、人としてのやさしさや思いやりといったヒューマニズムです。人間愛にあふれる〝但陽人〟を育てることが、他社の追随をゆるさない独自性ある経営につながり、それが当金庫の最大の強みになると確信しています。

こうした考えから、当金庫の年収は全国の信用金庫の平均を上回っています。

▼65歳まで待遇維持で再雇用・70歳まで再々雇用

働きやすい環境づくりを心がけているからでしょうか。離職率も19％と低くなっています。

60歳の定年後の再雇用率は１００％です。また、70歳まで再々雇用を行っており、２０１８年11月現在で再々雇用をしている11名の社員がおります。

現在、社員の定年年齢を60歳にしている企業は、法律により65歳まで雇用することが義務づけられています。年金受給開始年齢が65歳に引き上げられたことによる措置ですが、企業にとってはそれだけ経費が増えることになる。ですから、できれば定年でそのまま退職してもらいたいと考える経営者もいるでしょう。実際、ほかの信用金庫の理事長さんたちが、「うちは再雇用はゼロ」とか、「今年度は１人だった」など、自慢げに話されるのを何度か耳にしています。

しかし、再雇用率が低いというのは、社員がもうここで働きたくない、定年で辞めたいと思っているだけのこと。自慢するようなことではないのではないでしょうか。

当金庫の場合、60歳の定年を迎えた職員100％が再雇用を希望されます。これは、「もっと但陽で働きたい」「但陽の社員でいたい」という気持ちの表れです。実際、再雇用期間を終えて退職する社員のみなさんから、「但陽の職員であることを誇りに思っています」「定年まで勤めることができてよかった」など、感謝の声をたくさん聞かせてもらっています。

私は常々、職員が定年退職するとき「勤めてよかった」と思える会社をつくることが自分の役目だと考えています。平均の給料より高めに設定したり、福利厚生を充実させたりしているのは、職員が喜んでくれることを第一に考えているからです。

再雇用者に対する給料も同じ考えです。多くの場合、正社員ではなく嘱託社員扱いで、60歳以前の給料の5～7割カットされてしまうようですが、当金庫では、できるだけ定年前水準の給料を維持することに努めています。具体的には、部長クラスで6割以上、一般職で4・5割以上を保証しています。

さらに仕事の内容も、単純な事務処理のような閑職ではなく、60歳過ぎてからも大いにそれまでの経験や知識を発揮できる場を用意しています。私は、大切な社員を誰ひとりとして窓際族などにしたくはありません。

人はみな、社会のなかで誰かの役に立ちたいと思っているものです。60歳過ぎのベテラン社員のみなさんには、これまで培ってきた40年間の実績をそのまま活かして、後輩の育成指導にあたってもらいたい。最後まで働くことに喜びとやりがいを見出してくれたら、会社にとっても大貢献です。

それを、現役時代の年収を大幅に減らされ、仕事内容もこれまでの実績と全く無関係なものだったりするとどうでしょう。やる気も生産性も上がるわけがありません。「再雇用者をコストと考えるか、必要な投資と考えるか」によって、その働きぶり、貢献度はまったく変わってくるのです。シニア社員をできれば雇いたくないお荷物としてとらえているままでは、彼らの本来のポテンシャルを引き出すことはできません。経験と知識を持った人財であるのに、それではもったいない。

繰り返し述べているように、人件費をコストとみなす利益追求主義から「永続経営主義」に脱却すべきです。それが、会社にとっても社員にとってもハッピーになれる、シンプルなシステムだからです。

▼社員の意欲を高める手厚い家族手当の数々

社員に対する厚遇は、諸手当にも表れています。

特徴的なのは、家族手当です。配偶者手当2万円、第一子1万円、第二子2万円、第三子以降は1人につき3万円を毎月支給しています。現在、当金庫には既婚者が417組おりますが、子ども3人以上の世帯が71組、うち7組は4人以上の子どもを育てています。他社と比較したわけではありませんが、我々のような中小規模の企業としては多いほうでしょう。

家族手当制度を導入したのは1990年からです。当初は配偶者手当は同じ2万円でしたが、第一子3000円、第二子2000円というものでした。しかし、子育てや教育にかかる費用を考えると、会社としてもっとサポートしてやりたい。そうした想いから、2000年に大幅な増額改定を行い、現在に至っています。これにより、たとえば4人の子どもがいる場合、子どもに対する手当8万円に配偶者手当2万円が加わり、1カ月あたり家族手当だけで10万円が支給されます。しかも、この子どもに対する手当は子どもが大学を卒業するまで支給され続けるので、子育て世代にとっては経済的支援としてかなり大きいでしょう。

当金庫が家族手当を充実させているのは、経営の根幹に、「企業は人なり」という信念があるからです。社員はみな大切な家族。彼らが満足して働ける環境づくりの重要な要素として、「子どもを安心して産める会社」を目指しているのです。

▼これだけ社員にお金をかけても業績がいい理由

業界の平均を上回る給料。社員が安心して働くための手厚い手当と諸制度。これだけ人に会社のお金を投資していると、「固定費がかかりすぎて、利益が出にくいのではありませんか？」などとたびたび指摘されます。

実際はその逆です。たとえば自己資本比率は、国内基準の4％を大幅に上回る17・33％（2018年3月現在）と、経営の健全性・安全性を保っています。

信用金庫の収益環境は、地域の人口や中小企業数の減少に歯止めがかからないうえに、マイナス金利が継続されるなかで他金融機関との競合が激化し、預貸金利ざやの縮小により本業による収益の確保が困難になっています。加えて、運用利回りも硬直した債券市場の影響をまともに受けて低水準で推移するなど、かつてない厳しい状況が続いています。こうしたなか、前年度を上回る10億８０００万円余り（２０１８年現在）の当期純利益を確保することができました。

我々がもし、社員に対するさまざまな手当や諸制度を設けず、目先の利益や効率しか考えない経営をしていたら、短期的な業績はもっとよくなるかもしれません。しかし、私はあえてその業績は求めていません。

なぜならば、我々にとって利益は目的ではないからです。経営の目的は、働く人を幸せにすること。これを実現するための手段として利益が必要という考えですから、とにかく業績を伸ばすために、人件費という大切な投資を削るなどというのは、私からすると愚かな経営としか思えません。

社員だけでなく、その家族も幸せにする

▼「一隅を照らす」企業でありたい

こうした他に類をみない社員を大切にする厚遇は、経済的な面だけでなく、精神的なゆとりにもつながり、経営理念に掲げる「人間愛」「正義」を養ううえでも大きな意義がありました。

友人でもある経済評論家の竹村健一先生は、当金庫の取り組みを知り、自らの著書で次のように述べています。

「お金を補助するだけで日本の少子化問題が解決するわけではないが、このような取り組みが地方の信用金庫で始まったことに意義がある。国や地方自治体が行う施策ではなく、また大企業によるものでもない中小企業の自立した子育て支援。

私は子供の頃『一隅を照らす』といった仏教の言葉を学校で習った。ほんの一隅に光があたれば、それはやがて一面を照らすことになるという意味だが、但陽信用金庫の取組みを見て、『国にも地方自治体にも頼らない少子化対策もあるのではないか』と強く思った」（竹村健一『激変する世界地図の本当の読み方』青春出版社）

先生がおっしゃるとおり、家族手当はますます深刻化する少子化になんとか歯止めをかけたいとの想いに加え、昨今失われつつある「家族の絆」を取り戻したいという願いも込めています。

親や子ども、兄弟姉妹を敬う気持ちが、当金庫が大事にするやさしさや思いやり、感謝などの心をはぐくむのです。

▼亡くなった職員の子どもに支援金を届ける

家族手当とともに、当金庫の待遇としてもうひとつ特徴的な制度があります。「遺族育英支援金制度」です。

これは、当金庫の職員が在職中に残念ながら亡くなった場合、本人が扶養していた子どもの人数に応じて、育英資金を支給するという制度。中学生以下の子どもには1人あたり毎月5万円、高校生以上は10万円の育英資金を大学を卒業するまで支給し続けます。

この制度が生まれたのは、大切な社員を事故で亡くした悲しい経験をしたことがきっかけでした。

40代の働き盛りの男性社員でした。ある朝、奥さんが起こしにいったら、ご主人がふとんに寝たままの姿で亡くなっていたそうです。死因は心臓発作でした。彼にはまだ幼い5歳と6歳のお子さんがいて、奥さんには本当にお気の毒でした。

私にとって社員は息子、娘。その間に生まれた子どもは孫ですから、なんとか助けになりたいと考え、育英資金制度を設立したのでした。現在も毎月2人のお子さんには当金庫から育英資金を送り続けています。中学生までは毎月5万円、高校生から大学を卒業するまで10万円の援助があるのは、親御さんにとっては大きな安心感につながっているのではないかと思います。

育英資金について、『日本でいちばん大切にしたい会社』シリーズの著者である坂本光司先生にお話ししたとき、先生は大変驚かれ、シリーズ6においてこう書き記してくださいました。

「亡くなった父親が勤めていた会社から、毎月お金が振り込まれてくることを知ったら子どもたちはどう思うでしょうか。きっと感謝の気持ちを抱くに違いありません。

その子どもが大きくなったら、世の中に感謝し、恩返しをする人間になるでしょう。いい会社は社員だけでなく、その家族も、世の中も幸せにするのです」（坂本光司『日本でいちばん大切にしたい会社6』あさ出版）

過分なる言葉ですが、私としては坂本先生が評価してくださったように、社員を大切にする姿勢が、彼らの家族を幸せにし、それがひいては世の中をよくする一助となることを目指しているのはたしかです。

社会のためになることは、どんどん広がってほしいとも思っていて、経営者同士の勉強会や講演に招かれてお話しする機会があると、この育英資金について説明しています。

在職中に社員が亡くなるなど、できればあってほしくない出来事ですが、避けられない死があるのも事実です。万一のときに備え、会社として社員の家族を守る制度を用意していることは、社員にとって安心のひとつにつながるでしょう――。

このように説明すると、人を大切にする経営を実践される経営者の方は共感してくださり、同様の制度を取り入れる企業もいくつか出てきています。もっともっと、人を大切にする企業が増えると、日本は心の豊かさや幸せを実感できる国に変われるのではないでしょうか。

第3章

家族で
あるために

人としてのやさしさ、思いやりを大切にしているか

▼有能かどうかより、人間性を重視する

企業は人なり。どんな会社も、人の集まりによって構成されています。

つまり、どんな人間が働いているかによって、その会社の社風、企業文化は決まるということです。そして、それはそのまま、企業の盛衰に直結します。

企業は、人がすべてなのです。

ですから、「いい人材」を採用することは、企業にとって非常に重要です。しかし私は、大学をトップ成績で卒業したような有能な人材を集めようとは思っていません。

金融機関として預金・貸出金を増やしたり、新規顧客を獲得したり、手数料収入を

強化するなど、収益力を高めるために貢献してくれる優秀な人材を獲得したいという思いはあります。

しかし、但陽信用金庫という組織がどんな企業であるべきかという原点に立ち返ったとき、人材採用の基準は変わってきます。

私が採用時にもっとも重要視するのは、人としてのやさしさや思いやりを大切にしているかどうかです。

ビジネスパーソンとしてどうか以前に、人間性を重視しているのです。

このスタンスは、90年以上前の創業時から変わっていません。我々は、自分たちが求める人材像を「但陽人」という表現で表しています。その育成は、就職を希望する学生を対象とした会社説明会から始まります。

通常、こうした場には人事部などの採用担当者が会社の概要や採用の詳細について説明することが多いようですが、当金庫はトップである私が行っています。

「会社説明会は私が行います」と言うと、必ずといっていいほど大学の就職担当の方から驚かれます。経営者が直々に話す企業はほとんどなく、大方は人事部長さんクラスがお話しされるからだそうです。

しかし、集まってくれる学生さんたちは、社会人としての人生を賭けて就職活動をしています。いまの学生は、非常に堅実です。入社してみて、自分に合わなかったら転職すればいいなどという、軽い気持ちで就職先を選ぶようなことはありません。仕事のやりがいを感じながら、自分の力を発揮できる会社はどこだろうと、真剣に就職先を検討しています。

そんな本気の想いに、こちらも本気で応えたい。そう考え、どんなに忙しくても会社説明会は必ず出席するようにしております。

▼「やさしさ」こそが自分たちの最大の強み

説明会は、毎年3月に2日間かけて行っています。毎回、400人強の新卒予定者のみなさんを前に、約2時間かけて世の中の流れや、我々の経営理念や企業としての目的、役割などを語ります。

そこでいちばん理解してほしいのは、当金庫がもっとも大切にしている価値観である、「人としてのやさしさと思いやり」です。

お金や出世、名誉、権力を求めるがあまり、政界も企業も教育界もスポーツの世界までもが不正にまみれた事件が後を絶ちません。このような殺伐とした現代に求められるのは、お互いを家族のように思いやる「やさしさ」ではないでしょうか。

経営者が社員を大切にする。上司が部下を思いやる。社員同士で助け合う。こうしたやさしさが組織内にあふれている会社は、ビジネスの枠を越えて「お客さまのために」と全力を注ぐ企業文化が育ちます。

当金庫には、そうした人間愛にあふれる「但陽人」が育っており、お互いを家族のように思いやる風土が会社を支え、お客さまからは絶大なる支持と信頼をいただいています。

それが、但陽信金の最大の「強み」であり、好業績を続けてこられたいちばんの要因です。

やさしさと思いやり。すなわち、我々が経営理念に掲げる「人間愛」こそが、「長きにわたって会社を存続させる」という使命を果たせる唯一の方法だと考えているのです。

採用時に有能かどうかより、人間性を重要視するのはこのためです。金融マンとしての実務は、入社してからいくらでも覚えられます。しかし、人間性は個々人にもともと備わっている性質。あとから教育しようとしても、なかなか変えられるものではありません。

「私たちは、金融マンである前に人として思いやりの心を大切にしています」

会社説明会では、繰り返しこう伝えます。我々がふつうの金融機関とは違うスタンスで自分たちの役割を果たそうとしていることを、集まってくれた学生さんたちにまず理解していただきたいからです。

「やさしさ」「思いやり」「人間愛」……。これまで繰り返し出てきたキーワードですが、およそ金融機関とは思えないヒューマニズムを経営理念に掲げているのは、信用金庫が社会のなかで果たすべき役割を突き詰めて考えた結果であり、創業の志を貫いているからでもあります。

商圏エリアを広く構えるメガバンクと違い、地域金融機関である信用金庫は、地元の中小企業や個人事業主、そして地元に暮らす一般のお客さまを相手にビジネスを展開しています。もっというと、地元のみなさんとしかおつきあいできない。それが、信用金庫という企業の本質です。

▼いちばん大切なことに集中してほしい

小さなエリアでしか商売ができないことをマイナスととらえる人もいると思いますが、私はそうは考えていません。むしろ、「地元しかおつきあいができない」ということは、地域のしあわせだけを考え続けることができるということです。

「どうしたら地元の方々に喜んでいただけるか」

この一点に、すべての力を集中させることができるのは、これ以上ない効率経営の実現につながります。あれもやらねば、これも取り組まなければと悩んだり、力を分散させてしまうことがないのですから。

それだけではありません。現在、合併や統合がじわじわと進み、再編の波が押し寄せている金融業界は、取り扱う金融商品がどこへ行ってもまったく変わらないため、金利や手数料を安くするなど、苛烈な価格競争に陥っています。しかし、それでは収益が上がらず、自分たちの首を絞めるだけです。

このまま金利以外の要素で独自性を発揮できなければ、いまのオーバーバンキングの時代、淘汰されてしまうでしょう。玉石混淆の金融業界のなかで生き残るのは、独自の戦略で顧客のニーズに応え続けることのできる金融機関だけです。

その意味でも、当金庫が創業当初からずっと実践している「よろず相談信用金庫」としての地域貢献活動は、ほかに類のない独自性につながっていると自負しています。金融サービスだけにとどまらず、日常生活のさまざまな困りごとの相談にのる。地元のあらゆる悩み・課題を解決することで、「地域になくてはならない金融機関」でありたいと考えております。

当金庫と取引がない方からの相談にも、応じています。自分たちでは解決できない場合は、当金庫と取引のあるあらゆる業種の方々に相談し、紹介させていただきます。こうした相談は、各支店の窓口でも受け付けており、職員たちはみな、通常の業務を行いながら、お客さまの相談に応じています。

▼どんな仕事も「思いやり」から始まる

地元のみなさまの「よろず相談所」になるのは、簡単なことではありません。誰かの役に立つというのは、自分の時間と労力と、そして心を相手に差し出す行為です。やさしさ、思いやり、愛情。こうした人間性が備わっていなければ、続けることはできないでしょう。

仕事をするうえでいちばん大事なのは、「相手を思いやる心」。私はそう考えています。思いやりは、想像力を働かせて相手が求めているものを感じ取るところから始まります。その察知力がなければ、思いやりを届けることはできません。

これは、お客さまのニーズに応えることと同じです。人々は何を必要としているのだろう。どうすれば喜んでいただけるだろう。そう想像力をつねに働かせ、ニーズのありかをつかみ取る。そして、それを具体的な形にして差し出す。

それができる人は、どんな企業で働いても、きっとお客さまから喜ばれる存在になれると思います。

すべての仕事は、思いやりから始まる。

このビジネスの本質を、いずれ私の息子や娘になるかもしれない学生さんたちに最初に伝えておきたい。そんな想いから、毎年、会社説明会に来てくれる彼らの前に立っています。

そして、2時間かけて、経営者である私の価値観を伝え、「よろず相談信金」という独自性のある金融機関であること、その独自性を発揮するために、やさしさや思いやりを大事にしている集団であることを説明する。

そのうえで、我々の価値観に共鳴できるかどうか。ここが肝心です。価値観が異なると、最初はやれていたとしても、いずれお互いにしんどくなってきます。

そういう意味では、就職は結婚のようなもの。双方の価値観が同じだったり、少しぐらい違っていても重要な部分が一致していればいいのですが、これだけは譲れないという部分に相違があった場合、長続きはしないでしょう。お互いにストレスがたまり、我慢の限界となれば離婚です。

就職がそうならないためにも、就職希望者が企業の価値観に共鳴できるかどうかを確かめる機会をつくるのは経営者の責任。メリットは学生側だけではありません。採用前にこのひと手間をかけておくことで、不用な離職者を抑えることができるのです。

新入社員研修で「家族」になる

▼「感謝」が但陽流の第一歩

当金庫の新人研修は、14日間の合宿によるものです。宿泊場所は、創業の地である生野に建てられた但陽会館の別館。いまどき、泊まり込みで研修なんて珍しいと思われるかもしれませんが、合宿スタイルにしているのは、寝食をともにすることで新入社員同士の交流を深め、兄弟姉妹になってもらいたいと考えているからです。

研修の内容も少し変わっています。新入社員研修というと、一般的には、社会人としての心得やビジネスマナーを習得させるほか、就業規則やコンプライアンスといったルールに加えて、実務的な仕事の基本を教えるものがほとんど。

しかし、当金庫の研修ではそうした社会人としての基礎知識や実務は後回し。現場で必要な実務研修は、ある程度実践を積んでから行うこととし、「人間性」を高める指導に重点をおいています。

社会人になりたての息子や娘たちにまず伝えたいのは、「感謝」の気持ちが人間にとっていかに重要であるかということです。


誰よりもまず、自分を生み、育ててくれた両親に、心から感謝できていますか？感謝の気持ちは、相手に伝えなければ伝わりません。「ありがとうございます」と、きちんと言葉にして伝えていますか？

職場では、上司や先輩はもちろんのこと、同僚に対しても、ちょっとしたことでも手伝ってもらったら、「ありがとう」と言葉で伝えなさい。

とにかく、どんなに些細なことでも、誰に対しても「ありがとうございます」「ありがとう」、どんどん言葉に出して感謝する習慣をつけよう。

そうしたことを、研修の冒頭で語りかけます。

▼お客さまのことを深く考える社員であれ

両親に対して感謝の気持ちがない、という人はまずいません。でも、恥ずかしさもあるのでしょう。手紙でも電話でもメールでもいいのですが、言葉にして直接、気持ちを伝えているかというと、できていないことが多いようです。

「ありがとう」と声に出すことが大事です。

お父さん、お母さんのおかげで自分はいまこうして元気で過ごせている。

「ありがとうございます」

会社の先輩のおかげで、今日はひとつ仕事を覚えることができた。

「ありがとうございます」

同期の仲間が手伝ってくれたおかげで、予定より早く終わることができた。

「ありがとう」

友人がいるおかげで、悩んだときは相談にのってくれるし、一緒につきあってくれるおかげで楽しい時間が過ごせる。

「ありがとう」

このように、積極的に「ありがとう」を声に出していると、だんだんとどんなに小さなことでも、「ありがとう」と感謝したくなります。口にすればするほど、不思議と感謝の気持ちが深まっていくからです。

そして、些細なことにもありがたいなあと感謝できるようになると、今度は、自分が誰かの役に立ちたいと思うようになる。自分はこんなにも周囲の人に助けてもらっているのだから、今度は僕が、私が、人のためになることをしよう。人に感謝されるような人間になりたい……。

「ありがとう」という言葉には、思いやりを育む力があります。

どんなことにも感謝ができる人は、ビジネスパーソンとしても立派に仕事を成し遂げてくれるでしょう。

どうしたらお客さまに喜んでいただけるか。

お客さまが本当に必要としていることは何か。

深い思いやりを持って、考えるようになるからです。

「感謝」の尊さを学ぶのは、精神論だけではないのです。人のために喜んで汗を流し、知恵をしぼる但陽人として成長してほしいからなのです。

▼幅広い教養はビジネススキルと同じく重要

研修では、美術や音楽鑑賞、お茶の作法など、文化的な教養講座のほか、福利厚生施設としてつくった職員専用のゴルフ場でのゴルフレッスン、女性については、先輩職員との合同研修や美容講座なども採り入れています。

このように、多岐にわたった新人研修を行っているのは、ビジネスパーソンとしての幅を広げるためです。

我々、金融機関の人間は、あらゆる世代、あらゆる業種、あらゆる趣味を持ち合わせた人と接していかなければなりません。多様なお客さまから信頼していただける存在になるためには、思いやりや気づかいといった人間性に加え、幅広い教養が備わっているとなおプラスになります。

詳しい専門的な知識は必要ありませんが、どんなことでも広く浅くでかまわないので興味を持つこと。お客さまとの会話のなかで同じ話題ができることは、相手に「この人なら信頼できそうだ」と思っていただけるきっかけになります。

父である理事長は、新入社員に文化的教養を身につけさせることについて、「全然知らないのと、少しでも知っているのではお客さまの反応が違い、他人よりも一歩前に進むことができる」と言っておりました。

私の狙いも、まさに同じです。

お茶の作法についても、男女ともにカリキュラムに入っています。

「礼に始まり、礼に終わる」のが茶道の世界。一つひとつの動作に相手を気づかう心があり、学ぶところが大いにあります。

また、世界を中心とした世の中の動きや、我が国の政治や経済、教育といった社会情勢について、時事的な情報を幅広くつかんでおくことは、どんな仕事をするうえでも必要な土台です。

研修期間中は、外部講師を招いての講義のほか、私自身も行っています。世の中の動きを広くとらえながら、但陽信金は将来に向けて何にどう取り組もうとしているのか、そのなかで自分は何をすべきかといったことについて、男性は2日、女性は1日かけてみっちり伝えています。

▼「どう生きるか」をそれぞれが考える時間に

14日間にわたる研修を終えると、新入社員たちの意識は大きく変わります。まず、それまでの学生気分が抜け、社会人としての責任感とけじめが生まれます。そして、自分が両親や兄弟姉妹をはじめ、たくさんの人のおかげで生かされていることに気づき、感謝の念が深まります。

こうして但陽人としての基礎固めができると、「何のために働くのか」「どう生きるべきか」という根源的な問いに対して、自分なりの構えができてくるようになります。人間が生きる意味は、正解などありません。それぞれが、一生をかけて自分で考えるべき人生のテーマです。

だから、私としてもこうあるべきだ、こうしなさいと自分の考えを押しつけることはありません。ただ、但陽信金の歴史を代々守ってきてくれた先人たちの教えや、私自身の経験から得たことを伝承するのは、自分の使命だと考えています。

新入社員研修を通じて私が伝えたいことは、人間はひとりで生きているのではない。生かされているということです。

自分さえよければいいというような自己中心的な人間になってはいけない。感謝の気持ちを忘れずに、人のため、社会のために自分ができることは何か、考え続け、行動できる人間になってほしい。

親として、そんな期待を持ちながら、毎年、40人ほどの息子、娘と向き合っているのです。

人間教育としてのボランティア

▼「この地で生まれ、この地に育てられた」感謝を

当金庫は、生野という町で生まれ、加古川に本店を移してからもずっと、地域の人々に支えられ、ここまで発展することができました。

順風満帆だったわけではありません。幾多の苦労と危機を乗り越えて、現在があるのですが、どんなときも我々を信頼し、選んでくださった地域のお客さまがいたおかげで、いまがあると思っています。

「地域に育てていただいた」感謝の気持ちを、さまざまな地域活動を通じて還元したい。地元のみなさんへの恩返しのつもりで、「よろず相談信用金庫」としてお金のこ

とだけでなく、病気の悩みや住まいのこと、家族のことなどあらゆる相談に応じています。

　しかし、お客さまが抱えている悩みは、我々金融機関の人間では対応・解決できない場合もあります。そうしたケースには、お取引いただいている医師や弁護士、建築関係者など、専門家の方に相談し、紹介させていただいています。

　我々はいわば町医者のようなもので、それぞれの症状に応じて、もっとも適切な専門医を紹介できる立場にあるわけですから、そのメリットをお客さまのために大いに活用すべきだと思っています。

　地域のお祭りや催しなどに積極的に参加させていただいているのも、まちの活性化につながればとの想いからです。

　人口減少、少子高齢化の流れは、我々の地域も同じです。元気に動き回れる世代がまちから減ってきているなか、当金庫の職員が地域行事に参加することで、地域の賑わいや交流を取り戻すきっかけになればと願っています。

▼阪神淡路大震災のボランティアで気づいたこと

地域あっての我々であるという認識から、さまざまな地域貢献活動を行ってきましたが、それをさらに押し進めるきっかけとなったのが、1988年の本店移転と、1995年に発生した阪神淡路大震災でした。

銀山と林業で栄えた生野町で創業した当金庫でしたが、1973年の銀山閉山にともない、地域経済の様相がすっかり変わってしまいました。新天地を求めて、より大きな経済圏として今後発展の可能性がある土地として、加古川市に本店移転を決断。しかし、まったく地縁のないところからのスタートでしたので、最初の数年は苦難の連続でした。

まず「但陽って何の会社？」という状態ですから、どのような理念を持った金融機関なのか、地域のみなさまにとってどのような価値があるか、理解いただくところから始めました。店でお客さまを待っていてもよくわからない信金に足を運んでくださる方などいません。積極的に地域活動に参加するようにし、地元の方々に受け入れていただくためにひたすら努力を積み重ねていきました。それが今日の、さまざまな地域貢献の数々に結実しているわけです。

そして、阪神淡路大震災。

本店のある加古川は、姫路に近いこともあって幸いそれほど被害は大きくありませんでしたが、近隣の神戸地区の被害の甚大さは痛ましいばかり。自分に何かできることはないか。何かしなければ……。いても立ってもいられない状態だったのは、私だけではありません。全社員が同じ想いでした。

すぐさま市役所に飛び込み、必要な支援は何か聞いてみると、「たくさんの救援物資が届いているが、その仕分けが追いついていない」とのこと。それなら、うちの職員でも力になれる。私はその場で判断し、この日から職員のボランティア派遣を開始することにしました。

６００名（当時）の全職員でローテーションを組めば、２カ月に１回程度で全員が支援を経験することができます。そこで、私も含めた全職員が10名ずつ交替で毎日仕分けのボランティアにあたることに。この仕分けについては、数カ月後に一段落したのですが、被災地を見渡すとまだまだやるべきことは山ほどあります。

救援活動が落ち着いた頃、本店からも近い加古川に、神戸に次いで規模の大きい仮設住宅ができました。こちらには多くのお年寄りや障がいを持った方、ひとり暮らしの方などが身を寄せ、日々の暮らしに何かと不便を感じていらっしゃいました。

たとえば、「玄関のドアが開きにくい」とか「すきま風が寒い」とか「風呂が深くて入りにくい」などなど。些細なことのようですが、毎日のことですから、ストレスは大きいに違いありません。

そこで1日10名体制を継続し、仮設住宅にお住まいの方々の手足となってお手伝いすることにしたのです。もちろん、私自身もローテーションのなかに入っています。

ある朝、私がボランティアのテントで待機していると、おばあさんが「洗濯機が回らなくて困ってるのよ」とおっしゃる。私はメカは苦手なんだけどなあ、と思いながらもその方のあとをついていくと、二槽式の洗濯機があって、「こっちが動かない」と指を差します。私がのぞいてみると、何のことはない、底のほうに何かが巻き付いているだけです。引っ張り出してみると、靴下が3足ほど絡まっていた。取り除くと、簡単に動きました。

大変喜んでいただけたのですが、このときに気づきました。我々がいとも簡単にできても、80歳を過ぎたお年寄りには無理なことがたくさんあるのだろうと。

ほかの社員たちも、私と同じように、ボランティアを通じて感じたこと、気づいたことがあるはず。その経験は、必ず彼らの人生に大きな糧となるに違いない。そう考えた私は、派遣した全社員に感想文を書いて提出させることにしました。

「ささいなことでも心から喜んでいただけて、もっと人の役に立ちたいと思った」

「世の中には寂しい思いをしている方がたくさんおられることを知った」

「改めて両親への感謝の気持ちがわいてきた」

「年配の方にもっとやさしくしなければと思った」

全職員あげてのボランティア活動に、被災地の方々からはたいへん感謝していただいたのですが、いちばん感動し、心を揺さぶられたのは、支援活動を行った本人たちだったのです。

▼「してあげる」のではなく「させていただく」

私は、職員たちの感想を読み、何よりの人間教育になったとしみじみ実感しました。「思いやりを大切に」「人に喜ばれることをしなさい」などと口で何万回説明するよりも、一度でも人の役に立つことを実践するほうがその尊さを肌で感じ、学び取ることができるのです。

地域のため、人のために奉仕する。これこそが、人間愛を理念に掲げる当金庫の社員教育にいちばん必要なことだ。そう強く思うと同時に、ボランティアに対する意識が大きく変わりました。

ボランティアは「してあげる」のではない。「させていただく」ものなのだ、と気づいたのです。

救援物資の仕分けや仮設住宅の訪問などボランティアをしているなかで、ときに被災者の方から非難されるような場面もありました。こちらがよかれと思ってやっていることが、相手にとっては必要のないことだったり、不便さが増すといったことです。

しかし、我々はお金などいただかずに、善意のつもりで奉仕しています。

「こんなことしてもらっても困るわ」

お年寄りからそんな言葉を投げかけられ、つい「タダでやってあげているのに……」という意識がわいてきてしまいます。私もそうでした。

そのときに、ハッとしました。我々は「人にやさしく、思いやりを持って地域にとってなくてはならない存在を目指そう」と創業以来やってきたのに、「やってあげている」という感覚はおかしいだろうと。

そこで初めて、「してあげる」のではない。「させていただく」という謙虚な気持ちがなければ、本当の意味での「人間愛」とは言えないのではないかと考えました。

人の役に立つことができて、相手から感謝していただける。人間として、これ以上の喜びはないでしょう。人間は誰かに必要とされて、初めて生きる喜びを感じるものなのです。

「させていただいている」という、謙虚でひたむきな気持ちが、我々が追求している真の「人間愛」を体現するのだ――。そう気づいたとき、全社員をあげてのボランティア活動は、たとえ被災地での支援活動が落ち着いたとしても、何らかの形でこれからもずっと続けていくべきだと意識を新たにしました。

具体的な実践として、震災と同年の1995年、7月に「教育訓練室」のなかに「地域共生課」を設け、本格的な活動に取り組むようになりました。ボランティア活動を、全職員の仕事の一環として位置づけることにしたのです。

さらに、2000年には金融機関として前例のない、NPO法人「但陽ボランティアセンター」を設立し、独居老人の安否確認や健康状態によっては病院に搬送する「移送サービス」と「在宅ケア訪問」を行うようになりました。

人の役に立つことができるボランティア以上に、素晴らしい人間教育はない。そう確信したからでした。

いい人材を採用することは大切ですが、それよりすぐれた人財を育てることのほうがもっと重要。知識や実務の教育だけでは身につけることができない、人間教育にもっともっと力を注いでいきたいと強く感じたのです。

地域社会に貢献する

▼被災地支援から地元のみなさまのために

「してあげる」から「させていただく」の意識転換は、仮設住宅でのボランティア活動によい変化をもたらしました。

「させていただいている」と謙虚に取り組むと、「何やってるんだ」「全然ダメだな」などと叱られても、こちらのお手伝いの仕方がまずかったんだなと思い、「申し訳ありません」とあやまることができます。

「これでいいですか？」「もし、ご希望と違っていたら遠慮なく言ってくださいね」……そんな一歩踏み込んだ気づかいもできるようになります。

足の悪いお年寄りの買い物を代行したり、冬の寒い時期、すき間だらけの仮設住宅に畳を上げて床にガムテープを貼って断熱材がわりにしてあげたり、引っ越しの手伝いをしたり……。相手の要望に応じて、あらゆる手助けをしてきました。

相手が喜んでくださることを、一生懸命やる。それがボランティアだとの心で、ひたむきに取り組んできた数カ月でした。

そして、震災から日が経つにつれ、被災者のみなさんも仮設住宅からご自宅へ戻られたり、別の場所へ移り住むことができるようになり、仮設住宅を訪問するという我々の役目は終わりを迎えました。

では、次に我々は何をしたらよいだろう。そう考えてみたとき、被災地だけでなく、地域のなかには誰かの手助けを必要としている人がいるのではないか、と思い至りました。

仮設住宅では、通院や買い物など、移動に困る人がたくさんいました。お年を召していたり、障がいがある方は、誰かの助けがなければ動くこともままなりません。入浴や着替え、排泄など、身の回りのことができないのです。家から出られずに閉じこもりきりで、孤立し、孤独死する方が増えていることは社会問題となっています。

せめて自分たちが根を張り、ビジネスをさせていただいている地域で、何かできることがあるのではないか。

そこから、地域の高齢者や障がい者の方々が日頃の暮らしで困っていることを解決できるようなサービスとして、移動支援を行うことを思いつきました。

すぐに、車いすやストレッチャーでも乗降可能なリフト付きのワンボックスカーを購入し、毎日10人体制で移送サービスを開始しました。日本財団からの寄付も含めて、現在、6台の移送専用車を所有しています。緊急用として1台を残し、毎日5台の移送車を使って、移送の依頼に応じて地域を巡回しています。

年間2000円の会費を納めて会員になっていただくと、移送車での送迎は何度頼んでも無料です。現在、会員は約200名。こうしたサービスをみなさん求めていたのでしょう。スタートした途端、依頼が殺到し、予約は3カ月先まで埋まっている状態が続いています。2017年には年間で1800件の依頼がありました。いかに、地域で必要とされていたかが、この依頼数からよくわかります。

毎日5台の移送車がフル稼働しているのですが、1日の走行距離は平均50キロ。多い日は、100キロに及ぶときもあります。

移送の利用目的でいちばん多いのは、医療機関への通院ですが、車いすの方や足腰の弱った高齢者の方も社会参加できる地域社会をめざし、利用目的は限定していません。そのため、通院だけでなく、買い物や習い事、お花見などのレジャー参加への移送など、その内容は多岐にわたるようになりました。

▼お金に換算できない「資産」を積んでいる

あるとき、こんな依頼が舞い込みました。

移送サービスの対象としている営業エリア外の明石市に住んでおられる重度の障がいを持たれた方から、毎月2回、病院に連れて行ってほしいという相談です。

エリア外であっても、私は二つ返事で引き受けることにしました。

これからの日本はますます少子高齢化が進み、独居老人や障がいを持ちながらひとり暮らしをされる方も増えるでしょう。そして、それは他人事ではありません。自分で運転できるうちはまだいいのですが、私だっていずれ運転ができない年齢になります。自動運転技術が進み、体が自由に動かなくても車移動が可能になる未来がやってくるかもしれませんが、その可能性は未知数です。

歳を重ね、自立した生活が困難になると、身近に頼める人がいなければ病院や買い物に行くことすらできなくなります。

国は、今後さらに高齢化が進み、在宅で自立した生活を送るのが困難になる高齢者が増える事態にそなえ、在宅介護の充実をはかる政策を打ち出していますが、人材不足もあってそう簡単にはいかないでしょう。

我が国の課題を政府だけに任せるのは、もう限界です。我々のような一般企業が利益のいくらかを削ってでも、この問題に取り組まなければ、世界一の高齢国、日本はもうもたないのではないでしょうか。

しかし、残念ながらこうした意識で社会貢献に力を入れている企業は稀です。どんなに社会貢献に積極的な企業でも、震災から3年も経てば「十分役目は果たした」とボランティア活動を終えるところがほとんどです。

我々は、今後も会社が存続するかぎり、地元でのボランティア活動は続けます。どんなに費用がかかっても、人件費はコストではなく投資だと考えるのと同じで、会社にとって地域貢献は、未来への投資です。

全社員が一丸となって、地域の人々のために汗を流すことは、「人間愛」を知識ではなく実感として学べる、最上の人間教育の場。社員一人ひとりにとって、貴重な財産であるとともに、会社にとってもかけがえのない価値を得ることができるのです。

それは、バランスシートには表れませんが、目には見えない会社の資産となっていると私は考えています。

▼地域の孤独死ゼロをめざして

NPO法人「但陽ボランティアセンター」は私自身が理事長になっています。

利益を追求することが目的と考えられてきた「企業」という組織が、どれだけ利他の精神を発揮し、利益を増大させることとは真逆の無償の奉仕行為を続けながら、繁栄することができるか。当金庫が実績をつくれば、それがロールモデルとなり、ほかの企業も社会貢献にもっと積極的になってくれるのではないかと期待しているのです。

ＮＰＯ法人を設立してから、我々の行っている地域貢献活動はさらに多彩になりました。

そのひとつに、独居老人２００世帯に緊急通報システムの「ベルボックス」を配置してもらったことがあります。

これは、仮設住宅で起きた孤独死の悲しい経験から生まれた取り組みです。

ある朝、うちの職員がひとり暮らしのおじいさんの部屋を訪ねると、ふとんのなかで息を引き取り、すでに冷たくなっていました。数日前から体調を崩されていたそうですが、まわりに助けを求められずに独り、亡くなられたのです。

我々は、このつらい経験から「自分たちの地域から『孤独死』は絶対に出さない」を合い言葉に、ひとり暮らしの高齢者をサポートするサービスとして「ベルボックス」が生まれました。

これは、会員のお年寄りに首から緊急用のベルを下げてもらい、万一のときはベルのボタンを押すとすぐにセンターにつながり、電話がかかってくるしくみです。昼間は当金庫の女性職員が対応し、夜間は病院につながるようにしています。

「具合が悪い」といった緊急の通報以外にも、「さみしい」「退屈だから話し相手になって」といったことでもベルを押す方もいるのですが、「独りぼっちで死なせない」という想いから生まれたこのサービスです。

孤独な心を支えることができる、さみしさを少しでも和らげることができればと、職員たちは親切に対応しています。

「今日は夕焼けがとってもきれいでしたね」

「ワンちゃんのお散歩は行かれましたか？」

こうした何気ない会話が、お年寄りにとって何よりのなぐさめになっているのです。

しばらく連絡がない方や、体調が心配なお年寄りには、こちらから電話をかけることもあります。

心がけているのは、我々職員同士が親子、兄弟姉妹であるように、お年寄りに対しても家族のような親しみと温かさを持って接することです。

このサービスの利用料金は無料。通報システムの設置費用をわずかばかり負担してもらうだけですから、年金生活でも懐にやさしいと言えるでしょう。

▼渉外担当者による高齢者の「ケア訪問」

「ベルボックス」は女性職員によるものですが、外回りの男性職員が取り組む高齢者サポートもあります。現在、160人いる渉外担当者が、ひとり暮らしや高齢夫婦のお宅に週に1度訪問し、安否確認や話し相手になったり、どんなことでも相談にのっています。

訪問数は、2300軒を越えるでしょうか。定期的に巡回し、声かけを行っているおかげだと思うのですが、振り込め詐欺などの特殊詐欺や悪徳業者の被害にあう方はひとりもいません。

台風や地震などの災害が起きたときは、自主的に高齢者宅に駆けつける職員もおり、お子さんと離れて暮らしていて「実の子どもより頼りになる」と涙を流して喜ぶお年寄りもおられると聞きます。

遠方に住むお子さんから、「実家の両親のことが心配でしたが、但陽さんの社員が来てくれるので本当に助かっています」と感謝の手紙が届くこともあります。

移送サービスにしても、ベルボックスにしても、このケア訪問にしても、見守りさせていただいている高齢者の方からは、感謝の言葉を日頃からたくさんいただいています。

「但陽さんがいてくれて、本当にありがたい」「感謝してもしきれないくらいです」「あなた方が私の支えです」……。

そうした感謝のシャワーを毎日のように浴びている社員たちは、自分のやっていることが確実に人の役に立っているという実感を得て、これでいいんだと自己肯定感が高まるとともに、みなさんからいただいた感謝をエネルギーに、もっと人のために頑張ろうと思うようになります。

これこそが真の「人間愛」であり、世界一の人間教育だと、私は信じて疑いません。

▼行政・警察と連携し、災害の被害を最小限に防ぐ

地域の課題は、少子高齢化だけではありません。近年、台風や大雨、地震など自然災害による被害が全国的に増大しています。地域における防災体制の強化や、災害時における迅速かつ適切な対応が求められるなか、当金庫としても地域支援活動の一環として、行政、警察との包括的な連携協定を結ぶことにしました。

具体的には次のようなことが考えられます。

災害が起きた翌朝、各店舗の職員は自分の営業エリア内の住宅をみてまわり、被害に見舞われていないか、何らかの異変が起きていないかを確認します。たとえば、家具の転倒や家屋の破損があったり、浸水しているなどの被害があった場合、すみやかに行政に情報を提供します。緊急を要する場合には、直接消防署、あるいは警察署などの関係機関に通報し、可能な限り協力することとしています。

住民が安心して暮らせる地域社会をつくるには、行政や警察など公的な機関に頼っているだけでは実現できません。その地域に根ざして経済活動を展開する企業も、地

域社会の一員です。災害などの有事が発生した際には、積極的に行政等と協力し、被害を最小限に抑えるべく、情報提供や応援を行うべきだと考えています。

もう少し早ければ防げたであろう被害。我々は、これをなくすべく、迅速な行動と情報提供を今後も心がけ、公的機関との連携強化に取り込んでいきます。

▼火事を見舞う寄付運動

助け合いの心を育む取り組みとして記しておきたいのは、火事見舞金です。

各支店の営業区域内で火事が発生し、家が焼けてしまった場合、職員のみんなに募金箱をまわし、お見舞い金を募っています。これは取引のあるなしにかかわらずです。ですから、一度もお会いしたことのない方々であるケースがほとんどなのですが、火事はいつわが身にふりかかるかわからない災難です。他人事ではない。

これは、地震や台風などの自然災害にもあてはまります。たとえ見ず知らずの人だとしても、被災された方々のために少しでも役に立ちたいとお見舞い金を渡す思いやりを持ってほしい。そんな想いから、はじめた運動です。

寄付を募ると、毎回20万円弱ぐらいのお金が集まります。それを火事に遭われたご家族にお渡しする。「わずかばかりですが、職員みんなから寄せられたお金です。何かの足しにしてください」と。

相手は、自分たちは客でもないのにと驚かれますが、たいへん感謝されます。礼状が届くこともあります。全店にそのお手紙を回覧し、「みんなのおかげで地域の役に立つことができた。いつもありがとう」と、私から職員に感謝の気持ちを伝えています。

ここでも、感謝。そして感謝、です。

職員たちは日常的に、たくさんの感謝を受け取っている。よりいっそう思いやりの心が深くなり、誰に対しても惜しみなくやさしさを届けることができる人間へと成長していきます。

特定の職員だけがそうなるのではありません。但陽信金の職員全員が、同じ歩みで人間愛にあふれた存在になっていくのです。

私はたとえ社員が１０００人、２０００人に増えて規模がどれだけ大きくなったとしても、同じことを続けます。会社は家族。私は親父であり、何千の職員たちは大切なわが子です。わが子が思いやりのある立派な人間に成長するのを楽しみに見守りながら、会社を経営します。

それが但陽の美しい社風として醸成されてきているのを、さまざまな地域貢献活動を通じて、実感しているところです。

全職員で社会的責任をはたす

▼重度障がい者への支援

全社員をあげての地域貢献活動は、じつはほかにもあります。そのひとつが、社会的弱者を守るための活動です。

いま、社会的に焦眉《しょうび》の課題となっているのが、重度の障がいや難病と闘っている方々のための病院や施設の充実です。一生涯、入院ができて、面倒をみてくれる病院は全国でも非常に稀です。

当金庫は２０１４年から姫路にある聖マリア病院や地方公共団体と協議を重ね、施設を建てる計画を立て、２０１７年に聖マリア病院内に「ルルド館」という施設が完成しました。

▼全社員による犯罪者の更生保護協会への寄付

これは、私自身が更正保護法人「兵庫県更正保護協会」の副理事長をさせていただいていることもあり、その必要性は切実に感じています。刑務所を出所しても、偏見や誤解があって働き口がなく、貧困に陥り、やけになって犯罪を繰り返してしまう人が後を絶たないのです。刑務所も、全国的に収容人数を越えるところばかりで、再犯率を抑えるためにも、罪を償い更生した元犯罪者を従業員として受け入れる企業が増えることを願っています。

そうした想いから、当金庫の職員にはこうした状況を説明し、理解してもらったうえで、全職員から年間一口1000円を集め、合計で80万円を超える金額を同更生保護法人に寄付しています。

職員たちには、寄付を通じて社会的に弱い立場の人たちがどんな苦しみを味わっているか、想像力を働かせて感じてもらいたいと思っています。これも、思いやり、やさしさを身につけてもらうための一環です。

▼社会的貧困を、自分ごととして考える

これは大きな課題であり、一企業ができることなどないのかもしれませんが、世界だけでなく、日本国内でも貧困に苦しむ人たちが増えています。

厚生労働省の調査によると、日本はアメリカ、中国に次ぐ、世界第3位の経済大国でありながら、7人に1人が貧困状態にあり、母子家庭においては半数以上が貧困に困窮しています。

貧困は、人生を蝕《むしば》みます。当たり前と思われている基本的な生活ができず、社会から取り残されてしまう。子どもであれば、ごはんを食べられなかったり、進学を諦めなければならなくなり、大人になっても貧困から抜け出せずにいる「貧困の連鎖」も起きています。

貧困によって、未来ある子どもたちの可能性や選択肢が奪われてしまう状況はなんとしても改善しなければなりません。

わずかばかりではありますが、少しでも支援になればとの想いから、毎年、日本赤十字社を通じて献金支援を行っています。これも私自身が「日本赤十字有功会兵庫県支部」の支部長をさせていただいており、全職員から1人1000円を募り、年間約80万円を寄付してきました。

犯罪者の更生支援と同様、人間愛を掲げる当金庫の職員には、自分とは直接関係ないことだとしても、世の中には個人では解決できない問題に苦しんでいる人が大勢いるという現実を忘れないでいてほしいと思っています。

そして、さまざまな社会問題に対して無関心でいるのではなく、自分事として引き寄せ、どうしたら解決できるだろうかと考えてみる。そんな社会的意識を持った人間であってほしい。

犯罪者の更正支援と貧困支援で、1職員あたり年間2000円の寄付ですが、自分が働いて得た給料から捻出するお金です。その重みを意識し、考えるようになるのではと期待しています。

▼治安を守る――警察官友の会

地域社会の安全を守るために、防災体制の整備・強化とともに、早急な対策が求められているものとして、「治安維持」があります。

文化や習慣の異なる在留外国人が過去最多の263万7251人（2018年6月現在、法務省調べ）となるなか、お互いの違いを理解し、生活のルールや慣習を共有することが重要となっています。そうした受け入れ体制が整わないままでは、対立や分断が生まれ、治安にも影響が及ぶのではないかとの懸念があります。

これまで日本は「治安のいい国」として認められてきましたが、多様な文化をどう受け入れていくかによって状況が変わってしまうことも考えられます。

日本の治安維持を担うのは、国家の役割です。しかし、防災や災害時の対応と同様に、治安を国任せ、警察任せにしてはなりません。市民として、身近な問題として取り組むべきではないでしょうか。

私はそうした意識から、公益財団法人「近畿警察官友の会」兵庫県支部の支部長を務めています。

警察官友の会とは、社会全体の犯罪防止や治安維持に寄与し、民間の力を合わせて警察官を支援することを目的にした団体です。西日本を代表する企業の代表や会長などが理事を務め、さまざまな面から警察官の支援活動を行っています。

これにより、全職員に「治安維持は、国民一人ひとりの問題である」との意識が芽生え、「思いやり」「やさしさ」に通ずるものと考えています。

▼拉致問題を忘れない、風化させない

全職員をあげて取り組んでいる社会問題はまだあります。

北朝鮮による日本人拉致問題です。この問題についても、同じ日本人として他人事とは思えません。拉致被害者救出を象徴する「ブルーリボンバッジ」を約750人の

全職員が身につけ、早期救出を願う意思を示すことにしました。

ブルーリボンバッジは拉致被害者の支援団体「救う会」が2003年から有料で配布しているもので、数百人規模の民間企業が全員つける例は初めてだそうです。

しかし、早期救出は政治信条に関係なく国民みんなの願い。ただ、拉致された当時からすでに30~40年近く経過しており、若い世代などこの問題を知らない日本人も出てきています。いちばん懸念されるのは、世論の風化。忘れないためにもバッジをつけて、草の根から意思を示したいと考えました。

きっかけは、当時大学4年生だった息子のひと言でした。

ある日、息子が拉致問題を啓発するためのポスターを持って家に帰ってきました。

そして、このポスターを全店舗に貼ってはどうか、また、全職員でブルーリボンをつけてはどうかと言います。この問題は、我々国民みなで考えなければいけないことだと考えていた私は息子の提案に賛同し、すぐに「救う会」に問い合わせて、全支店に貼ることにしたのです。

バッジは毎日つけるよう呼びかけていますので、毎朝、着替えるシャツや上着にバッジをつけ替えます。そのたびに、拉致された方々に想いを馳せます。小さなことかもしれませんが、それだけでも「忘れない」という意味では大事だと思うのです。

自分たちが実践してみて、バッジをつけることで意識が高まり、お客さまからもお褒めの言葉をいただくなど、とても意義があると感じました。そして、拉致問題を風化させないために、この運動は我々だけでなく、共鳴してくれる行政やほかの企業にも広げていくべきだと思うようになりました。

そこで、当金庫の営業エリアである姫路市など6市5町の自治体に5000個のバッジを寄付。さらに、もっと広く普及させるために兵庫県庁にも県職員の人数を確認して7000個を寄付しました。

バッジは1個500円です。結果的に1万3000個を会社の費用で購入したため、650万円の支出に。

この金額をどうとるかは、人それぞれの意見があるでしょうが、我々は民間の一企業として、全職員をあげて、拉致解決という我が国が抱える社会課題のひとつが少しでも前進すればとの意志を示したつもりです。

▼高齢社会到来に対応するために

ブルーリボンバッジとともに、全職員が手首につけているオレンジのベルトもお客さまから「それはなに？」と質問されることがあります。

これは、「認知症サポーター養成講座」を受講した人が、その証明として身につけることができるもので、当金庫では全職員にこの講座を受けさせています。

日本はさらなる高齢化が進み、認知症高齢者の数も増えると見込まれています。２０１２年には65歳以上の認知症高齢者数は４６２万人と７人に１人でしたが、２０２５年には５人に１人になるとの推計もあります。

我々は来たるべき超高齢社会に対応するべく、全職員で認知症の方のサポートができるよう準備をしているのです。

養成講座では、認知症の方の正しい知識と理解を深めます。認知症の特徴や接し方、見守りの方法など、実践的に学びますから、たとえば町を歩いているときに服装や歩き方などで認知症の方を見分けることができます。

もし、そういう方を見かけたら、必ず声をかけなさいと教えています。「ご自宅はどちらですか」。そう質問したときに、様子がちょっとおかしいなと感じたら、社会福祉協議会に連絡をします。そのあとのことは、社協さんにお任せすればいい。

このベルトも毎朝出勤するときに必ずつけますので、そのたびに社会的に弱い人たちのことを思い、改めて自分たちが支えなければという気持ちで仕事をスタートさせることにつながります。

こうした研修や資格取得を通じて、お年寄りや障がい者など社会的弱者に対する正しい理解と、思いやりの気持ちが自然と養われ、人にやさしい集団へと成長することができるのです。

家族の絆を強くする

▼信頼関係は直接会うことから

全職員で取り組むボランティアにしても、まちの活性化支援の一環として地域行事に参加することにしても、経営者が上から有無を言わさず強制的に命令しているようでは、企業の風土や文化にまで育たなかったでしょう。

日頃から職員たちとコミュニケーションをとるように心がけ、多くの時間を職員とともに過ごすなかで、当金庫の存在意義や経営理念、我々の使命、それらを実現するために、社員としてどうあってほしいか、何をなすべきか……といった想いを伝えてきました。

その一方で、本人たちの夢や希望、悩みなどにじっくり耳を傾け、信頼関係を築くことも大切にしてきました。

全職員に私の個人携帯番号を伝え、何かあったらいつでも電話をしなさいと言っていることはすでに述べました。寝室にも携帯を持ち込み、24時間、どこにいても何をしていても、社員からの電話には出るようにしています。

土日祝日も関係ありません。独身の男性社員が共同生活をしている独身寮では、週末になると、寮対抗のゴルフコンペやソフトボール大会、寮ごとには誕生日会やクリスマス会など、家族として、兄弟同士の信頼を深めるための行事がたびたび行われています。

今週末はどこそこの寮でバーベキューをやると聞けば、私も参加してみんなと一緒に火をおこして肉や魚を焼いて楽しみます。また、職員専用につくったゴルフ場では、2カ月に1度、寮生ゴルフコンペを行い、私も参加しています。

誕生会は、月に一度、その月に誕生日を迎える職員をホテルに招いて最上級の焼き肉を食べさせてやります。

私から、一人ひとりに合わせて選んだネクタイをプレゼントしたあと、そのときどきの経営状況に応じて、自分が考えていること、みんなに期待すること、親父として息子娘に対する想いなどを語っています。

そこで私が繰り返し話しているのは、企業とは利益共同体ではなく、「志」を持った者同士の集まりであり、「志の共有体」でなければならないということ。そのために、全職員が同じ志を共有することが重要だと訴えてきました。

そして、最後にはいつもこう締めくくります。

「私はみなさんのおかげで理事長職が全うできています。私の仕事は『苦情処理係』であり、みなさんに『但陽に勤めてよかった』と思ってもらえる企業にすることです。だからどうか遠慮せずに、どんな悩みでもいいからいつでも相談してほしい」

700人以上の職員全員とマンツーマンで接することは不可能ですが、ときに休日返上でできるだけ時間をつくり、彼らと接する機会を大切にしています。

人と人が信頼関係を築くには、直接会ってお互いの思いを語り合うのがいちばんです。経営者の想いが全社員に浸透し、その企業の風土、文化に育っていく。それが理想的な形だろうと思います。

▼新入社員に運転手兼秘書を任せる

職員たちと家族としての絆を深めるための努力・工夫は、それだけではありません。私は毎年、新入社員のなかから1名、運転手兼秘書を選んでいます。次の年には、また新しい新人から任命するので1年限りの秘書です。私が理事長に就任した1990年から続いていますので、2018年で29代目となっています。

経営者仲間からは、「大学を出たばかりの新人に運転させて危なくありませんか」と驚かれます。

しかし、29年間、一度も大きな事故をしたことはありません。多少、壁にこするなどして車体にキズがつくことはありますが、修理をすればいいだけです。たいしたことではありません。そんなことよりも重要なことがあります。

それは、運転手役の社員にほかの新入社員とのパイプ役になってもらうことです。いまの運転手兼秘書は、コウダイというのですが（社員のことは、親父の愛情から下の名前で呼ぶことが多いです）、彼とは毎日一緒にいる時間が長いので、３カ月もすれば相手が理事長とはいえ、話しやすくなります。

実際、移動中などに自分の家族のことや、仕事の状況、同僚たちとの交流などについて、話してくれます。

ほかの新人たちはそうはいきません。自分の会社のトップですから、日頃から接する機会がなければ緊張してしまうでしょう。

その間に立って、私と新入社員のみんながコミュニケーションをとりやすいようにお膳立てしてもらう。寮で何か行事があったとき、リーダー格の同期生を呼んでもらい、私と話す機会をつくる。そこで、但陽信金は社員を家族のように大切にする企業であること、自分は親父であり、みんなは息子娘。社員同士は兄弟姉妹だということを改めて説明したうえで、もし悩んでいることがあれば相談にのるからいつでも連絡するんだよ、と伝えます。

▼名前を覚える。下の名前で呼びかける

こうして催しに参加し、新人たちと少しずつ接する機会を重ねていくと、だいたい3年後には約400名強の男性社員全員の名前と顔が一致するようになります。女性社員については、接する機会が男性社員と比べて圧倒的に少ないため、全員というわけにはいきませんが、みなネームバッジを胸につけているので、必ず名前で呼びかけるようにしています。

経営者で、社員の名前を覚えることを重視している方はどれだけいるでしょうか。人数が多すぎて、顔と名前を一致させるなんてとうてい無理。最初から諦めている方もいらっしゃるかもしれません。そもそも、そんなことより大事な仕事があるという方もおられるでしょう。

私は、経営者としていちばん大事なのは、職員とどれだけ信頼関係を築けるかだと

思っています。

社員の名前を覚える。そして、名前で呼びかける。それは、「会社にとって君は大事な存在なんだよ」という重要感を相手に与えます。「理事長は自分に関心を持ってくれているんだ」そう思わせる力が、名前で呼ぶ行為にあるのです。

私は、正直に申しますが、金融の実務についてはまったくといっていいほど知識を持ち合わせていません。フィンテックや電子マネーに代表されるように、金融の世界はどんどん新しい技術やサービスが開発され、変化がめまぐるしい業界です。

経営者はそうした知識を吸収し、経営戦略に生かすべき、という考えもあるでしょう。しかし、私は現場の実務部隊に任せればいいと思っています。私なんかより、現場の人間のほうがよっぽど詳しいですし、お客さまとの関係も近いですから、ニーズもよくわかっています。

ですから、私はよく社員たちに「現場のことをいちばん理解している君たちに任せるよ。みんながいてくれるおかげで、私は理事長でいられるのだよ」と声をかけています。

▼経営者は専門家になる必要はない

経営者は専門家になる必要はないと思っています。最新の専門知識や技術を身につける時間があるのなら、社員とのコミュニケーションに注力したほうがよほど有効だからです。名前を覚えることは、彼らとの信頼関係を築く第一歩。だから、私は機会をとらえて、できるだけ多くの社員と接し、名前で呼びかけ、覚えるようにしているのです。

鉄鋼王と呼ばれたアンドルー・カーネギーは、製鋼のことなどほとんど知らなかったといいます。そのかわり、自分よりもはるかに鉄鋼に詳しい数百人の従業員を使っていました。そして、カーネギーは「誰よりも人の扱い方に長けていた」。それが、彼を大富豪にしたのです。

これは不朽の名著『人を動かす』（D・カーネギー）のなかに記されていることです。

さらに、『人を動かす』は、アンドルー・カーネギーの成功の秘訣のひとつとして、友人や取引関係者の名前を尊重していたことをあげています。彼は、自分のもとで働いている多数の労働者たちの名前を覚えていることを誇りにしていた。そして彼がトップに立っている間は、一度もストライキが起きなかったことも紹介されています。

企業は人の集まり。そこに所属する社員同士が思いやりを持って助け合い、お客さまに喜んでいただけることは何かを考え、ベストを尽くす。そうした、志を同じくする者同士が集まり、ひとつの目的に向かって団結できるかどうか。

企業の繁栄は、これによって決まります。そのために絶対不可欠な条件が、経営者と社員の信頼関係です。

私が親父として社員をわが子と同様に大切にするように、社員たちも、私のことを信頼してくれていれば、「親父のために、会社のためにがんばろう」という意欲がわいてくるでしょう。

これが、単に雇用主と従業員の関係でしかなかったら、働く目的が変わってきます。お金のため、出世のため、名誉のため……。要は、自分のためだけに仕事をするようになる。そういう会社は、いずれどこかで行き詰まってしまう。

会社は家族である。だから家族の絆をしっかりと結びつけることが大事であり、そのために経営者は労力を惜しんではなりません。どんなに忙しくても、現場の職員と接する機会を減らしてはなりません。

そこにかけた時間、社員への思いやり……、それらはいずれ大きな財産となって会社に還元されるのです。私の約30年の経営者人生で確信していることのひとつです。

ルールを教え、けじめを持たせる

▼社員のモラルが企業の盛衰を決める

最近は、服装も自由、勤務時間もフレックス、会議もゼロ、上司への日次報告も必要ないなど、自由な会社が増えているようです。社員がそれぞれのスキルを最大限に、スピーディーに発揮するために、余計なルールや縛りをなくそうという流れは理解できます。

「自由」という言葉は、非常に魅力的に聞こえますが、使い方を間違えれば、会社だけなく、自由を享受したはずの社員自身もダメージを受けます。

組織における「自由」とは、そこで働く人々のモラル意識がしっかりあって初めて有効に機能するのです。

特に我々は他人様のお金を扱う金融機関です。働く人間のモラルが企業の盛衰を決めるといっても大げさではありません。

そうした危機管理意識のもと、当金庫では職員に対していくつかの禁止事項を設けています。

まず、お客さまからの接待はお断りしています。また、こちらから接待することも致しません。

その昔は、支店長が「5時から男」などと言われて、就業もそこそこに取引先のお客さまを接待し、またお客様さまから接待を受け、そこで仕事をとってくる、といった時代もあったようです。

しかし、お酒で獲得したような取引先は、馴れ合いの関係に陥りがち。「害多くして益はナシ」ということになってしまいます。当金庫は、どんなに大口のお客さまからお声かけいただいても、例外なくお断りしています。

最初は、「但陽さんはカタイな」「付き合いが悪い」などと言われましたが、いまはもうみなさんご存知ですので、お誘いされなくなりました。

それから、全職員に営業区域内でのスナック、クラブ、バーへの出入りを禁止しています。

飲酒を禁止しているのではありません。こうした風俗店では女性がついて接客します。そこはみな、節度を守ってふるまうとは思うのですが、お酒を飲む場所です。理性を失わないともいえません。

万一、トラブルに発展してしまった場合、信用が大きく損なわれてしまいます。本人も、お客さまから信頼されなくなり、つらい思いをするでしょう。私は彼らの親父として、そうした事態を未然に防ぐ責任があります。

無用なリスクは抱えないに越したことがありません。勤務時間外なのだから、何をしても自由じゃないかと反発もあるかもしれませんが、どんなに不満に思われても、私は息子娘たちを守らなければならない。

だから、断固としてルールはなくしません。

もちろん、私自身に対しても固く禁じています。

▼コンプライアンスマインドを醸成する

さらに、金融機関の人間として、コンプライアンス（法令等遵守）を徹底させることにも力を入れています。

金融をとりまく環境は、金融の自由化・国際化の進展、金融技術の発展等により、金融業務はますます複雑化、多様化しています。

これにともない、取引先のお客さま、そして地域社会との関係も複雑化し、顧客保護の必要性がますます高まっています。

このような環境において、金融機関にとってコンプライアンス態勢の強化・確立は、業務の健全性、適切性を確保するための最重要課題のひとつとなっています。

そこで、我々はコンプライアンス態勢の強化・確立のため、コンプライアンスの統括部署として「コンプライアンス委員会」を設置し、全職員の行動指針・規範をまとめた冊子を配付し、定期的に勉強会を開催しています。また、全職員による「コンプライアンス自己チェックリスト」での確認を徹底。さらに、毎朝、朝礼において次の

3箇条を全員で唱和しています。

一、コンプライアンス違反はしない、させない、見逃さない。
一、危機を招く安易な妥協と当て任せ。
一、気づいたら勇気を出してホットライン。

当金庫の職員はみな、この3箇条を暗唱することができます。ただ単に暗記しているだけでなく、毎朝、業務が始まる前に声に出して唱えることで、意識が高まるのです。

ちなみに、「ホットライン」とは、万一、コンプライアンスに反することが起きた場合、コールすると本部の留守番電話に入り対応、また、弁護士に直接連絡することもできるようになっています。

不祥事は、最悪の場合、会社を倒産に追い込むほど恐ろしいものです。そうなれば、全社員とその家族の生活を危機にさらすことになります。ほんの些細な気の緩み、見つからないだろうという安易な意識……。それが、多くの人の人生を狂わせる一大事に発展することを日頃から職員たちには伝え、絶対に不祥事が生まれないよう徹底しているのです。

社員を幸せにする人事評価とは

▼管理者のリーダーシップを社員に評価させる

会社にとっていちばん大切なのは、社員。私は、社員を幸せにすることを目標に掲げ、会社を経営しています。

どうすれば社員の幸せにつながるか。つねにそのことを考え、あらゆる手を尽くしています。

人事管理についてもそうです。あるとき私は、考えました。人事評価というものは、なぜ上司が部下に対して行うものしかないのだろうかと。私を含めた役員・管理職はいったい誰がどのように評価するのか。もしかしたら、問題のある上司から理不尽な行為を受けながら我慢をして仕事をしている職員がいるかもしれないではないか。私だってそうだ。社員のためによかれと思ってしていることが、逆効果になっていることがないとも限らない……。

そう考えたとき、私は恐ろしくなりました。ひとりよがりの裸の王様にはなりたくない。上司が部下を評価するのと同じように、部下が上司、役職員、理事長を評価するしくみが必要だ。

そうして導入されたのが、「リーダーシップアンケート」です。

アンケートの内容は、役員、管理職、店長、リーダーとそれぞれに若干異なりますが、いずれも 管理者の①明確性、②共感性、③通意性、④好感性、⑤信頼性について、それぞれ数項目の質問を部下に尋ねるものです。

職員に記入してもらうにあたり、こう注意書きを記しました。

「(役職員の) 最近の日常行動を振り返り、忌憚のない、率直な回答をお願いします。このアンケートは、(役職員が) 自分自身を客観的に知ることによって、よりよい職場、よりよい人間関係を築き、リーダーシップを十分発揮するための材料とするものです」

ご参考までに、役員を評価するアンケートの実物を次ページに掲載します。

初めての実施は、1994年8月。まず理事長である私と、役員を対象に行い、翌月には課長、店長クラスを対象に行いました。全部で25前後の質問に対し、5段階で評価するもので、その集計結果は正多角形のレーダーチャートで表示され、本人にフィードバックされます。

▼自分の長所・短所を理解し、よりよい上司を目指す

この評価により、いびつな多角形になった管理者は自分の長所、短所が一目瞭然となり、管理者としての自分を改めて知ることで反省し、改善していけば、部下から共感され、より強固な人間関係が結べるようになると期待しています。

また、従来からの管理職の人事評価は、ややもすると偏りがちになっていた面がありましたが、このアンケートを導入したことによって、集計結果も参考にしながら行

[redacted]

対象者

機能	No	内　　容
通意性	15	会議の内容や本部からの連絡事項・情報を、部下にもれなく伝えているか。
	16	部下に、上席者や本部の方針を、自分の言葉で伝えているか。
	17	部下に、それぞれの担当業務の意義や位置づけを明確に伝えているか。
	18	部下に、職場での優先課題を明確に伝えているか。
	19	仕事の方針や計画を、部下に納得いくよう説明しているか。
	20	部下一人ひとりが持っている情報を、互いに共有するよう働きかけているか。
	21	決断や意思決定は、正しく速く下しているか。
信頼性	22	決定や判断は、部下の信頼を得ているか。
	23	セクハラ・パワハラについて配慮して行動しているか。
	24	先を見越して必要な手を打っているか。
	25	本部の他部署や上席者を動かす折衝力を持っているか。
	26	ミス・トラブルの本質を正確に分析・把握して、的確に指示対応をしているか。
	27	従来のやり方にとらわれず、積極的に改善提案をしているか。
	28	部下から見て、見習うことが多い存在か。

注意・改善すべきと感じている点があれば記入してください。 （本人：青） （部下：赤）	

機能	No	本人	部下
通意性	15	3	4.1
	16	3	4.2
	17	3	4.1
	18	3	4.0
	19	3	4.1
	20	2	3.9
	21	2	4.2
信頼性	22	3	4.1
	23	3	3.9
	24	2	4.1
	25	2	4.2
	26	3	4.1
	27	2	4.2
	28	2	4.2

評　点（本人：青、　部下：赤）

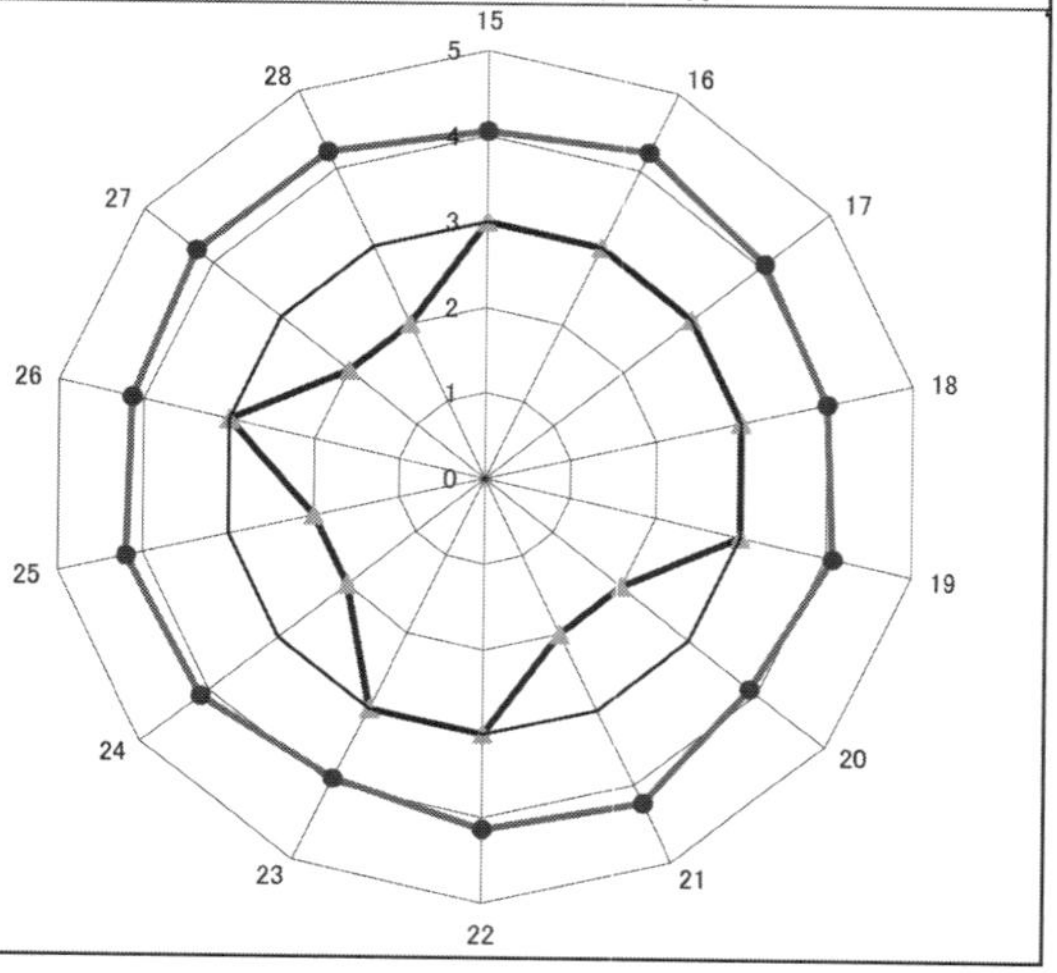

リーダーシップアンケート

平成　年　月

機能	No	内　容
要望性	1	部下一人ひとりに目標をハッキリ示しているか。
	2	部下に、目標達成を最後まであきらめないよう求めているか。
	3	部下に、決定したことは必ず実行するよう求めているか。
	4	部下に、仕事のやり方を見直し、創意工夫するよう求めているか。
	5	部下に、現状に満足せず、一段高い課題にチャレンジするよう求めているか。
	6	部下に、仕事の質を高めるよう具体的に求めているか。
	7	部下に、仕事の効率を高めるよう求めているか。
共感性	8	部下が、失敗やミスをしたとき、気持ちをくんで対処しているか。
	9	結果だけでなく、過程における努力も認めているか。
	10	部下と意見が食い違ったり対立したとき、冷静・客観的に聞き、納得いくまで話し合っているか。
	11	部下に仕事を積極的に任せているか。自分の考えを押しつけていないか。
	12	部下の一人ひとりの成長に気を配っているか。
	13	部下の能力・状況に応じて、アドバイスや指示をしているか。
	14	部下の意見に耳を傾け、何でも相談しやすい雰囲気作りをしているか。

良いと思う点があれば記入してください。 （本人：青） （部下：赤）	

機能	No	本人	部下
要望性	1	3	4.1
	2	3	4.1
	3	3	4.1
	4	3	4.1
	5	3	4.1
	6	3	4.0
	7	3	4.1
共感性	8	3	3.9
	9	2	3.8
	10	3	3.9
	11	3	3.9
	12	2	3.8
	13	3	3.9
	14	2	3.9

評　点（本人：青、　部下：赤）

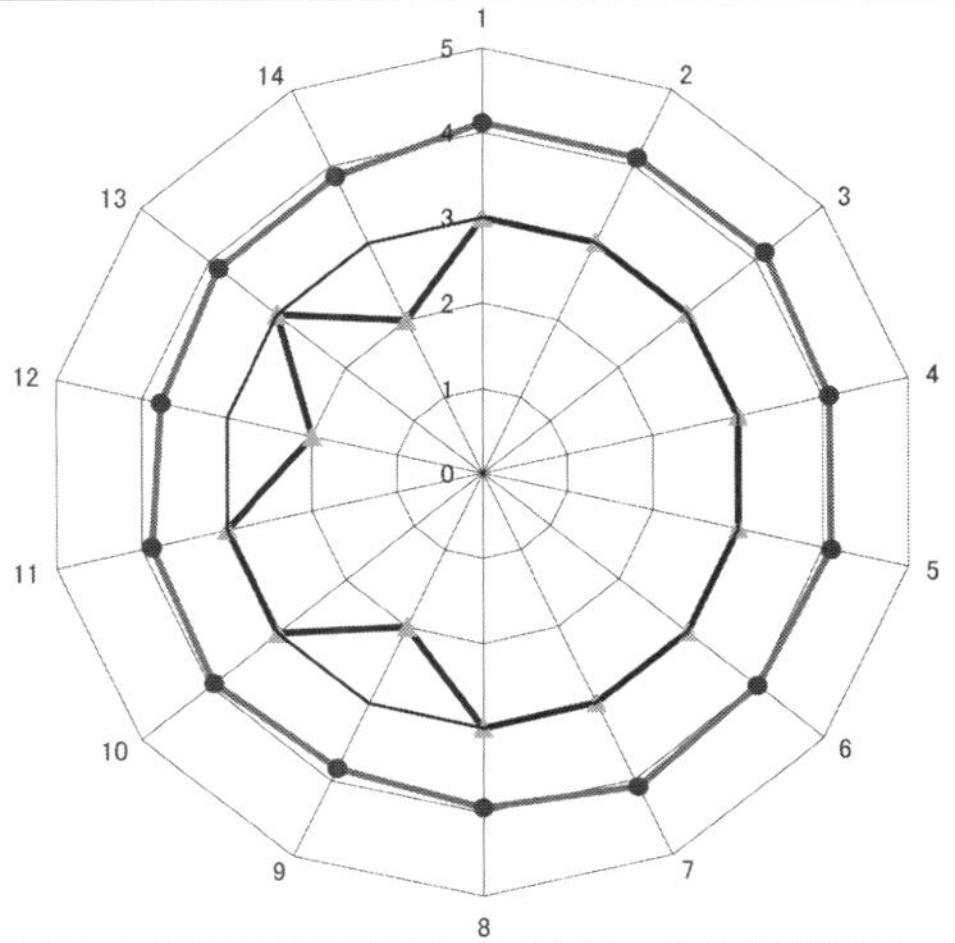

うようになり、極めて透明性の高い評価に変わってきたと感じています。

人間は誰しも個性があり、何かに秀でている部分がある一方で、苦手とする要素もあります。ですから、明確性、共感性、通意性、好感性、信頼性、すべてにバランス良く評価されることはなかなかむずかしい。

ただ、自分の長所や短所を客観的に把握することは、部下を指導する立場の人間にとって非常に重要です。自分の足りないところを謙虚に反省し、改善する努力を怠らなければ、短所を克服することができるかもしれません。私はそういう管理者であってほしいと思いますし、自分自身も結果を謙虚に受け止め、よりよい経営者を目指して努力を惜しみません。

いま手元に、２０１８年2月に実施した私のアンケート結果があります。

管理者クラスとは内容が異なり、「ビジョン・識見」「事業意欲」「信望」「決断力」「指導統率力」「組織への影響力」の五つの項目で評価されます。ありがたいことに、おおむね5段階評価で4以上の評価をもらっているのですが、2項目ほど3・7、3・8と低い評価のものがあります。

「部下を公正に評価しているか」「感情に左右されず、客観的に判断を下すことができるか」の二つです。

いずれも、情緒に流されやすいという評価で、自分自身そういう性格であることを自覚しています。直そう、直そうと努力はしているのですが、持って生まれた性質を変えるのはなかなかむずかしい。こればかりは堪忍してほしいと社員たちには頭を下げて、笑われております。

問題なのは、自分の欠点を直す努力をしない人間です。アンケート結果は、当事者だけでなく、私も当然目を通していますから、2年も3年も同じ項目の評価が低いことが続いたら、注意し、改善を促します。それでも改善されない場合は、管理職としてふさわしくないと判断し、厳しいようですが降格人事もあり得ます。

部下が上司を評価する制度の導入によって、風通しのいい職場、気持ちよく働ける職場を目指し、社員のみんなが「勤めてよかった」と思える会社でありたい。それが、社員を幸せにするひとつの方法だと考えているのです。

個人の悩みや問題をともに考える

▼理事長親展のアンケートで職員の相談にのる

当金庫には、リーダーシップアンケートのほかにも、さまざまなアンケートがあります。

顧客満足度を高めるためのお客さま（個人・事業者）向けのアンケート、それに、全職員を対象に年に2回、６月と12月に行う「悩み・心配ごとの相談、意見等アンケート」です。

これは理事長宛の親展にしており、私以外、絶対に誰にも見せません。

厳重にしている理由は、社員がどんな悩みや問題を抱えているかを把握し、解決の手助けをしたいと考えているからです。

借金を抱えていたり、家族のなかに重病人がいるなど、他人には言えない問題を背負っている職員がいるかもしれない。社員はひとり残らず大切な息子娘ですから、苦しみから救ってやりたいと考えるのが親心というものです。

このアンケートには、住宅ローンや消費者金融も含む全借入金の状況を細かく報告してもらう欄があります。それに加えて、経済的な悩み、家族も含めた健康上の悩み、そのほか、個人的な悩み・心配事など、気がかりなことを自由に記入する欄も設けています。

７００名の全職員から届く、この親展を私はすべて目を通します。そして、借金の金額が大きかったり、複数の消費者金融からの借入があり、返済に困っているであろう社員に対しては私から直接電話をかけ、改善策を一緒に考えます。

その他の悩みについては、「最近体調が悪い」「妻ががんになり、心配している」「子供の教育で悩んでいる」「母と妻がうまくいかない」など、これらに対しても電話をかけ、一緒に考えてやるようにしています。

▼不満や疑問には率直に応える

なかには、私に対する不満を訴える内容もあります。たとえば、こんな意見がありました。

「理事長はいつも鉛筆一本まで無駄なものは削り、経費削減に努めるようにとおっしゃっていますが、理事長自身がお金を使いすぎていると思います」

もうひとつ。

「理事長は家が建つほどの車に乗っておられますが、質素倹約を勧めるのでしたら、『私はプリウスで十分』とおっしゃったほうが理事長らしいのではありませんか」と。

二つとも、お金に関する疑問でしたが、大きな誤解です。思い違いであっても、職員に誤解を与えてしまったのは私の責任です。ほかにも同じように感じている職員がいるかもしれません。誤解から不協和音が広がってしまわないように、私は全職員が集まる総会において、丁寧に説明をすることにしました。

「みなさんのなかから、理事長は経費を使いすぎているのではないかと指摘をいただきました。しかし、私は無駄な出費はできるだけしないようにしています。

当金庫は、地域貢献の一環として、さまざまな寄付を行っています。たしかにその金額はほかの金融機関などに比べて大きいです。たとえば、A信金さんが50万円寄付されたならば、我々は100万、200万と寄付します。

A信金と同じ50万円であればその50万円は死に金になります。多くの金額を寄付するから生き金になるのです。

しかし、それは地域のみなさんを支えるための出費です。私たちは、地域の企業や個人事業主、住民のみなさまが当金庫を選んでくださっているおかげで、こうしてどの信金とも合併せずに、独立独歩の道を歩むことができているのです。そのことを忘れてはなりません。

地域行事への参加も、寄付も、地元の方々に対する感謝の気持ちを具現化するためのものです。無駄な経費ではない。必要な、大切な費用なのです。でも無駄な出費にならないように努力します」

さらに、公用車についても言及しました。

「ご存知の方も多いと思いますが、私が公用車として乗っているのはトヨタのレクサスです。2000万円近くする高級車に対して、家が建つほどの車である必要があるのかと疑問をお持ちの方もいらっしゃるかもしれません。

私がこの車を公用車として採用しているのは、危機管理からです。小さな車に乗っていて事故にでもあったら小さなケガではすみません。最悪のケースで死んでしまったら、金融庁から必ず危機管理に問題ありと評価を下げられてしまうでしょう。

先日、当金庫の90周年記念にバス16台を貸し切り、伊勢神宮へ参拝してきました。その際、役員は1台のバスに乗るのではなく、16台に分散して乗車しました。これも危機管理からです。もし役員全員が乗車していたバスが事故に遭ったら、会社の経営に大きなダメージを与えます。安全性能の高い公用車に乗っているのも同じです。

私は経営者として社員のみなさんの人生をお預かりしている責務がある。予測されるリスクはすべて取り除いたうえでマネジメントにあたる。それが経営者の使命だと考えています。許してください」

▼率直にモノを言う

職員からの疑問や不満があがれば、できるだけ速やかに私自身が対応するようにしています。

その際、心がけていることは「率直にモノを言う」ということです。

曖昧だったり、抽象的な表現は避け、具体的に、明確に示す。そうでなければ、伝えるべきことが正しく伝わらない可能性があります。

どんなに些細なことでも、相手に誤解を与えかねない曖昧さは社内のコミュニケーションを濁らせます。

こちらの真意を正しく伝えるには、クリアな言葉で、率直に話す。これが大事です。「率直にモノを言う」ことは、どんな場、どんな相手に対しても言えることです。

先ほど述べた「リーダーシップアンケート」のなかに「言うべきことを率直に言っ

ているか」という項目があります。

私は、ことあるごとに「率直に話そう」「率直に言ってほしい」と伝えてきました。組織全体が率直にモノを言う文化があれば、意思疎通に誤解や勘違いが生まれません。相手の本意を探り合うようなストレスもなくなります。すると結果的に、仕事が格段にスムーズに運ぶようになり、何事もスピーディーに、しかも正確に進むようになるのです。

第4章

経営者の仕事

トップはいちばん恐がりがいい

▼急成長を望まない

いまはビジネスにおいて、スピードが求められる時代です。革新的な新技術が誕生したと思ったら、さらにパワーアップしたイノベーションが生まれ、あっという間に新興ビジネスに成長を奪われる……。

そんな変化の激しい時代に生きている私たちは、そのスピードに乗り遅れないために素速い決断と行動力が求められます。そのため、悩むことを「悪」と考える人もいるようです。

悩んでいる暇があったら、トライアンドエラーでもいいから、行動に移したほうがいい。そんなふうに、悩むことを無駄な時間としか捉えていないビジネスパーソンも少なくありません。

しかし、私の考えは逆です。

特に経営者というものは簡単に決断を下すべきではありません。「こうしよう」と行動に移すまでは慎重でなければならない。その間に、たとえ競争相手が先に前を走ることになったとしても、将来を見据え、確信が持てるまで悩み抜くことが大事です。

ですから、「失敗してもいいから、まずやってみよう」という発想は私にはありません。チャレンジ精神は大事です。失敗を怖れて跳ぶことをしなければ、人も企業も進化することができません。

しかし、失敗したってかまわない。とにかくスピードに乗り遅れないよう、〝行けドンドン〟で突っ走れ、という経営手法は、結局、数字を上げることを目的とした、利益追求主義の発想と同じです。

「急成長」とか「急拡大」「過去最高の増収増益」といった会社の大きな変化を私は望んでいません。むしろ、警戒すべきことだと思っています。

なぜならば、急に売上げを伸ばしたり、急に会社が大きくなったりするのは、「自然体」ではないからです。

第1章で述べたように、当金庫は樹木が何十年、何百年とかけて幹を太らせ、枝葉を伸ばして生長するように、我々も自然の流れのなかでゆっくり着実に成長していきたいと考えています。

それは、一過性の利益拡大や短いスパンでの成長よりも、この先30年、50年、100年と続く会社でありたいと望んでいるからです。経営決断を必要とする場面で、慎重に、とことん考え抜くように心がけているのは、そのためです。

▼確信が持てるまで悩み抜く

とにかくスピード重視で結果を出せ、というやり方では、すぐに成果が上がるかもしれませんが、打ち上げ花火のように一瞬にして終わってしまうことも少なくありません。一時期、急成長株として注目された会社が、その後いつの間にか姿を消していた、という話はよくあることです。

私が、何事においてもうんと悩むのは、会社の永続のためだということに加えて、社員たちに無理を強いたくないからという理由もあります。

スピードや効率を追求すれば、激しい競争社会の渦に巻き込まれるのは必至です。競合他社に打ち勝つために、利益を拡大するために、社員に無理な成果目標を課している企業はたくさんあるでしょう。

しかし、それでは人は疲弊するばかりで、ちっとも幸せになれません。会社さえ成長すれば社員のことはどうでもいい……、私はどうしてもそういう考えにはなれません。何事においてもとことん悩みますし、慎重すぎるほど慎重に事を進めます。

そして、いざ決めた以上は、全身全霊を傾注して突っ走ります。もしそれで失敗したら、すべて私の責任です。担当者が失敗しても、部下が失敗しても、お客さまから苦情がきても、それらすべての責任は、経営決断を下した私にあります。

生半可に、スピード優先で走らないのは、確実に成功する、確実に成長できると確信が持てるまで、できる限りの努力をしているからです。

ビジョンを語り、方向性を示す

▼先を読み、明確な方向性を示す

「経営者の仕事でいちばん大切なことは何ですか？」

そう聞かれると、私は次の二つだと即答しています。

ひとつは、「時代の流れを読み、経営の方向性を示すこと」。

もうひとつは、「職員全員が、ここに勤めてよかったと思えるような会社にすること」です。

こうした考えは、先代の父から受け継いできた理念を私なりに深化させてきたものです。社員を幸せにすることが経営者である私の使命だという考えについては、第1

章でしっかり語りましたので、再読いただければと思います。

方向性について、なかには、変化の激しい時代にあって、不確実な未来を予測することは不可能。だからビジョンを語ったり、企業が目指す姿を中長期計画のような形で明文化することはできない――、といった考えの方もあるようです。

たしかに、いまは「未来」が見えにくい時代ではあります。しかし、「わからない」からといって、経営者がビジョンを語らなければ、また中期、長期にわたる計画や方向性を示さなければ、社員たちはどこに向かえばいいのかわからず迷走してしまいます。

私はこう考えています。

予測不可能な時代だからこそ、経営者は必死になっていまという時代をつかみ、未来を見通す力を身につけなければいけないと。

不確実なことばかりの世の中で、「先を読む」ことがいかにむずかしいか、経営者のみなさんは痛感されていると思います。だからこそ、意識的に、この先、自分たちのおかれたビジネス環境がどう変化していくか、その流れを読み取るための時間をつくるべきです。

私自身は、経営者向けの勉強会や、有識者の方の講演など、とにかく気になるテーマがあれば、東京でもどこでも出かけて話を聞くようにしています。多業種の経営者、政治家、大学教授、科学者、ジャーナリスト……直接、経営には関係ないことでも、先を読み取るためには幅広く知識を吸収することが大事です。

問題意識を持って聞いていると、必ず自分たちの経営に参考になることが含まれています。

たとえば、信用金庫は突き詰めればサービス業です。お客さまがどのようなサービスを信用金庫に求めているかを探り、ニーズに合ったものを提供することは、絶対不可欠なことです。

しかし、顧客ニーズというものはわかりやすく形に表れているものだけではありません。形や言葉になっていないけれど、潜在意識のなかにあるものもあります。そうした、人がまだ気づいていない「あったらいいな」「こういうものが欲しかった」をいち早く見つけ、自社の商品やサービスに結びつける。経営者には、こうした先見性が絶対的に必要です。

誰もが先が読めない時代だからこそ、感覚を研ぎ澄ませ、世の中の流れ、人々の気分の変化に敏感でなければなりません。

そして、そうするなかでキャッチした「変化の兆し」や「予測される流れ」を自社の方針や中長期計画のなかにどう組み込むかを考え、方向性を明確に示す――。それが、経営者が果たすべき大きな仕事のひとつなのです。

▼一度ではなく、繰り返し語り続ける

経営者が方向性を示すのは、年度の始まりなど1年に1度とか、半期に1度でいいという方もあるでしょう。

ただ私は、そうした節目節目はもちろんのこと、日常的に、社員と接する機会をできるだけ多く持つように心がけ、ことあるごとに語り続けています。

人間は自分が強く関心のあることであれば覚えられますが、そうでない事柄についてはすぐに忘れてしまいます。次から次へと情報の洪水が押し寄せてくる現代ですか

ら、仕方がありません。

経営理念も経営計画も、社是なども伝える努力をしなければ、みんな忘れてしまいます。

忘れられて当たり前。その前提に立ち、経営者がすべきなのは、全社員の意識に浸透するように、機会あるごとに繰り返し繰り返し語ることです。それも、心の芯に届くように、熱を込めて、企業としてどうあるべきかの方向性を自らの想いとともに語り続けなければなりません。

当金庫であれば、我々は地域のみなさまの「よろず相談信用金庫」を目指しているのだと。お客さまの困りごと、地域の困りごとを手助けすることで、「地域になくてはならない金融機関」であることを使命としているのだとビジョンを語る。

目先の利益にとらわらず、人に喜ばれることを続けていけば、必ず共感してくださる方が増え、当金庫を選んでお客さまが増え、預金が増え、貸出金が増え、そして放っておいても利益は上がってくるようになる。だから、決して「短期の利益を追い求めてはならない」ということも繰り返し述べています。

▼リーダーには説明責任がある

とにかく、しつこいぐらいに、社員に向かって自分の想いを語っています。入寮している独身男性社員たちと一緒に食事をしながら語る。休日、社員たちとバーベキューやゴルフを楽しみながら、そこでも語る。一緒にお酒を飲んで、また語る……。

このように、但陽ファミリーの温かなふれあいを大切にしながら、社員のみんなと経営者のビジョン、企業の使命、方向性というものを浸透させていくのです。スローガンのように掲げるだけでは伝わりません。

「何が大切か」

「なぜ大切か」

その意味を、重要性を、わかりやすく説明する責任（アカウンタビリティー）が経営者にはあるのです。

「おれについてこい」とか「わが社の方針はこうだから、社員はこれに従いなさい」

では人はついてきません。

給料をもらっている手前、「右を向け」と言えば、右を向かせることはできるでしょう。しかし、意欲などわいてきません。ただ、命令されるからやるだけの機械人間になってしまいます。

やはり、なぜそうしなければならないのか、なぜそれが重要なのかを自分のなかで消化し、納得、共感して初めて、よし頑張ろうと思えるもの。

人がやる気や情熱を持って、仕事に打ち込める状況を整えるのはリーダーの使命です。そのためにも、相手が納得するまで、何度でも繰り返し語り続けなければならないのです。

一生懸命働く人間を守る

▼強者が弱者をカバーする組織づくり

「知恵のある者は知恵を出せ。
知恵なき者は汗を出せ。
知恵も、汗も出せない者は静かに去れ」

これは、私自身が考えた言葉です。

家族というものは、いいときも悪いときも、どんなときも一体となって共有するもの。ですから景気のいいときは得た利益を社員みなで分け合い、悪くなれば全員で塩を舐めても生き抜こうというのが、私の考えです。

リストラは絶対にしませんし、たとえ能力が劣っている人間であっても、一生懸命頑張ってくれていれば、何があっても守ります。

社員全員、ひとり残らず優秀な企業などありません。世の中には、仕事ができる人間もいれば、やることが遅かったり、できない人間もいます。「優秀かどうか」というのは、比較の問題なのです。

優秀な人間は、組織のなかでは強者です。彼らよりも劣っている人間は、弱者。但陽信金の社員はみな家族、きょうだいですから、足りない部分は全員で助け合い補い合う。そして、優れた人間が弱者を守る。そうした企業文化をつくってきました。

「知恵のある者は知恵を出せ」

ビジネスを推進していくためには、マーケティングや企画、法務や会計などの専門知識に加え、戦略思考や課題解決、リーダーシップといった能力が求められます。それらの能力に長けた人間には、自分の持ち味を存分に発揮して知恵を出してほしい。

「知恵なき者は汗を出せ」

そうした資質のない人間は、与えられた仕事だけではなく、自主的に自分にできることを探し、一生懸命取り組めばいい。足りない部分は、会社＝家族全員でフォローするので、安心して働いてほしいと思います。

弱者を強者が守る、という行為は、人間にしかできないことです。動物界は弱肉強食の世界ですから、弱い動物は強い動物に殺されてしまいます。弱者を助けましょう、お年寄りには優しくしましょう、というのは動物にはない人間ならではの温かみです。ともすると、競争社会に生きる人間も動物と同じ弱肉強食のヒエラルキーができてしまいがちですが、我々は人間が本来持っているヒューマニティを大切にしたいと考えています。

仕事が速い人間もいれば、遅い人間もいる。そのこと自体を問題視はしていません。できる人間、できない人間、それぞれが自分の役割、できること、すべきことを自覚し、「知恵を出す」「汗を出す」ことに全力投球してくれさえいれば、一時的に業績が落ち込むことがあったとしても、長期的なスパンでみれば、ゆっくりと成長する企業であり続けることができると考えています。

▼厳しいことも、率直に伝える

問題は、「知恵も、汗も出さない」人間です。やればできるのに、力を出し惜しみする。能力もないのに努力をしない。どんなに注意しても改善しようとしない。反社会的な行為をする。ごまかしたり、嘘をついたりする……。

こうした人間に対しては、厳しく対応します。

「当金庫の社員でいることがいやなのか」

「私がきらいなのか」

などと直言します。生ぬるい言葉はかけません。率直に、はっきりと伝えます。ダメと言うだけでは、相手は理解できませんから、何がどう問題なのか、どのように改善すべきかを丁寧に説明します。

たとえ家族でも、目に余る問題行動ばかりの人間に目をつぶったりはしません。家族の間にも、最悪「勘当」という、家族の縁を切られてしまうことがあるように、我々も、家族として認められません。厳しいようですが、退職を促します。
その際は、厳しいことでも婉曲な物言いはしません。
もし、但陽で働くことがいやなら、価値観が合わないのなら、辞めなさい。
もっと自分の価値観にあう場所を探しなさい。
そのように伝え、あとは本人がどうしたいかで進退を決めさせています。

創業の心〝源郷〟〝命知〟を忘れない

▼変わるべきものと、変わってはいけないもの

人には誰しも故郷があります。自分を育ててくれた原点であり、源。当金庫にとっての源は、創業の地である「兵庫県生野町」です。単に、生まれ育ったというだけでなく、その地で人間として、企業としての核となる精神、哲学がつくられたというより深い意味を込めて「源郷《げんきょう》」という表現で、自分たちの原点を忘れないようにしています。

我々は生野という地で誕生し、地域の人々に教えられ支えられ、会社を大きくすることができました。その感謝の気持ちと、どのような志を立てて創業したのかという、

創業の精神を忘れてはならないと強く感じています。
その意志を込めて、社員向けに「源郷」という短い文章を公開しています。
ここに紹介させていただきます。

世界のどの民族にも「源郷」と呼ばれる故郷があります。民族によっては聖地とされ、ときには生命を賭して争い守る対象とさえなります。

企業にも「源郷」と呼ばれる故郷があります。

但陽の源郷は、と問われたとき、そこに「創業の地」「創業の精神」そして「企業理念」があります。

合理性を求めてさまざまな近代文明が生まれ、社会の発展とともに企業の在り方もどんどん変化してきました。

ダーウィンの進化論に、「唯一生き残るものは、変化できるもの」という言葉があります。

しかし一方で、加速度的に変化する企業社会のなかで、「絶対に変えてはならないもの、守り続けなければならないもの」もあります。

それは、

「変えること以上に労力を要する」

このことを心しなければなりません。

変えてはならないもの、それは創業以来守り続けられてきた企業理念であります。

その企業理念を今後とも守ってゆく。

但陽信用金庫の「源郷」を伝えていくことが我々の使命であり、生き残りの道である。

▼「唯一生き残るのは変化できる者」

まさに現代は、合理化、効率化の流れのなかで、社会の発展とともに、企業の在り方もどんどん変化しています。特に、テクノロジーの進化はめざましいものがあり、ＡＩに象徴されるように、これまで人間にしかできないと考えられていたさまざまな仕事を機械が代替する時代です。

また、日本は人類史上例を見ない少子高齢化の道をひた走っています。生産人口の減少により、我々が身を置く金融の世界は合併・統合など、ドラスティックな再編が起きています。

めまぐるしい世の中の流れに対して、我々はいち早く察知し、その変化にどんどん対応していかなければなりません。

うかうかしていると、自分たちのやっていることが陳腐化し、お客さまのニーズから離れてしまうことにもなりかねないのです。

しかしその一方で、加速度的に変化する企業社会においても、絶対に変えてはならないもの、守り続けなければならないものもあります。

いまは「変える」ことの必要性ばかりが説かれていますが、私は変えること以上に、「守る」ことの重要性を社員には教えたいと考えています。変えるより、守るほうが労力を必要とするからです。

但陽信用金庫の創業の地は、現在本部がある加古川から離れた生野という土地でした。私には創業の精神を守り、代々にわたり語り継いでいく企業風土を築き上げる責任があります。

創業の地を守ることは、但陽信金の魂を守ることにつながります。ですから、現在の本部がある加古川から離れた生野の地に、慰霊碑などさまざまな施設をおき、ことあるごとに訪れるようにしているのです。

そうした施設を維持するには、お金がかかりますが、どんな時代がこようとも「創業理念」「企業理念」がぶれることなく、後世にわたりつないでいくためには不可欠な投資といえるでしょう。

そうした認識から、変えることより、守ることに力を注いでいるのです。

創業時の志、理念といった源郷を守り続けることが、企業の永続性につながる。私はこう確信しています。

企業は利益を上げるのではなく、存続することに意義があるのです。儲かることより安定経営を目指すことによって、それが雇用を守り、新しい雇用を生むことにもつながります。

雇用創出は、地域にとって重要なテーマであり、一企業として地域の発展に貢献することにもなると考えています。

▼先輩たちへの感謝の気持ちを忘れない

源郷を忘れない。

この企業文化は、創業から今日まで、但陽信金を支えてきてくれた先輩方の存在を社員一同、忘れないことにも表れています。

当金庫の創業記念日は、６月10日です。この日は、休日であろうが大雨が降ろうが、どんなことがあっても管理職は全員、一般職員代表として組合３役の合計約１００名で慰霊碑にお参りをしています。

いまから90年以上前に、信用金庫として地域の発展に貢献するという志を立て、創業した創立メンバーの方々。会社の成長に寄与してきた社員のみなさま方。そうした、先人、先輩方に感謝しよう、供養をさせていただこうという想いを込めて、創業の地「生野」に慰霊碑を建て、毎年、お参りしています。

源郷とならび、私が社員たちに伝えているのが「命知《めいち》」という考え方です。

ひと言で説明すると「使命を知る」ということです。

▼何のために生まれたか使命を知る

人は必ず、何らかの使命を持って生まれてきています。

「自分は何のために生まれてきたのか」という根源的な問いに対して、一人ひとりが自分なりの答えを見出すべきです。

80年前に著され、漫画化されたことで再び見直され、いま、ベストセラーとなっている『漫画・君たちはどう生きるか』（原作・吉野源三郎、漫画・羽賀翔一、マガジンハウス）という本があります。そのなかに、こんな言葉が出てきます。

「君は何も生産していないけれど、大きなものを毎日生み出している。

それは何だろうか？
お互い人間であるからには、
「一生のうちに必ずこの答えを見つけなければならない」

この答えは作品中には書かれていません。読者一人ひとりが自分で考えるべき問いだとして投げかけているのです。

私が「命知」として社員に考えてほしいのも同じことです。「大きなものを毎日生み出している」。この意味は、日々、誰かの役に立つということです。

企業という組織で考えると、企業の存在理由、使命とは、すなわち「志」です。志なきところに繁栄もありません。

我々の志とするところは、利益を追求するということではありません。地域を守り、地域の人たちの役に立つことを行う。それによって、地域の発展と幸せに貢献するというのが「志」であり「使命」です。

▼源郷を忘れない

何のために生まれてきたかなど、簡単に答えが出ない。

そう思われている方もいらっしゃるかもしれません。しかし、私の答えは至ってシンプルです。

何のために信用金庫が生まれたのか。

都市銀行は、資本力のある大手企業や富裕層の資産を守り殖やすための存在といっていいでしょう。対して、信用金庫は、地域密着型を基本として、「同一県内」「近隣」をベースに、地域の中小企業、個人事業主、そして一般の住民のみなさまを支えることを使命として誕生しました。

我々は、つねにその原点（源郷）を忘れてはなりません。

それさえわかっていれば、自ずと「何をすべきか」「何のために生きるか」が見えてきます。

一、地域のみなさまの事業と生活の繁栄のお手伝いをすること。

二、お年寄りや障がい者など、社会的弱者の方々の手助けをすること。
自分たちの使命は、大きく分けてこの二つです。

人間にとって、人の役に立つこと以上に自分の存在意義を認識できることはありません。その意味からも、信用金庫で働くということは、なんと大きな生きがいを得られる仕事なのだろうかと思うのです。

▼企業とは志を共有する人間の集団

ですから、企業とは、その大きな志を全社員で共有する集団ということができます。決して、利益共有体になってはなりません。

この本のなかでもそうですが、私が「但陽の志はこうですよ」「私はこんな志を持っていますよ」と社員たちに繰り返し繰り返し伝えているのは、全社員で志を共有するためなのです。

どの会社にも立派な社是や経営理念があります。しかし、それがどれだけ末端の社員にまで浸透しているかというと疑問です。志や理念は理想として掲げられていて、現場の社員たちは、それらを意識するより、目の前の業務に集中しているのが現実でしょう。

我々の場合は違います。現場の実務はもちろん大事なのですが、それは何のための仕事なのかという大元のところをしっかりと理解したうえでなければ、方向性を見誤る危険性があります。売上げを拡大すること、新規顧客を獲得すること、同業他社との競争に勝つこと……そうしたことが目的になってしまいかねないのです。

自分たちのすべきことはそうではない。

目の前のお客さまにどうしたら喜んでいただけるか。志を忘れなければ、社員一人ひとりが「自分にできることは何だろう」と考えるようになります。

むずかしく考える必要はありません。自分が担当しているエリアのお客さまに喜んでいただきたいという意識があったら、ちょっとした行動が変わってきます。

町を歩いているときにお年寄りと会ったら、「こんにちは」と声をかける。それだけでも喜ばれるでしょう。もし重たそうな荷物を持っておられたら、「運びましょうか」

と聞いてみる。そんな小さな思いやりが、相手にとっては心に響くのです。

また、事業主のお客さまに対しては、どうしたら経営がうまくいくか一緒になって考えてあげればいい。技術力はものすごく高いのに、家族で営んでいてマネジメントという意識がなかったり、どうしていいかわからないという事業者の方は少なくありません。

そうしたお客さまに対しては、まずどんな経営的な課題があるかを洗い出すところからはじめ、その課題に対してどうすれば改善されるかを一緒に考えて提案させていただく。そうすることによって、その事業者は次の段階に進むことができます。

ですから、自分たちが携わっている仕事には、ものすごく崇高な使命があるのです。その自覚をしっかりと持ちなさい。そうすると、自分が果たしている役割の大きさに気づき、無限の力がわいてくるのです。

志を持たなければ、人間はだめになる。安きに流れたり、自分の得になることのほうへと意識が向いてしまいがちです。

歴史を振り返っても、志がいかに大切かわかります。明治維新を実現させたのも、志と使命があったからです。自分がこの世に生まれた意味、成すべき使命とは何か。国を存続させるためには、いま自分たちの手で変えなければ――。

そうやって明治維新が起こりました。

私は、将来に対するビジョンを持たず、今日だけを生きるような志のない人間を求めていません。私が理想とする経営は、山林経営です。樹木がゆっくりと生長し、繁茂していくように、じっくり時間をかけて安定経営の基盤をかため、未来永劫続いていけるような会社に成長していきたい。その実現に必要なのは、優秀な人間の集団ではありません。志を持った人間の集団なのです。

そのために、経営者は自分が誰よりも強い志を持ち、それを社員たちに繰り返し繰り返し語りかける熱意が必要だと自覚しています。

そうやって、会社全体をひとつの「志」を持った集団に収斂していくのです。

経営者は器用でなくていい。愚直に進め

▼経営に「管理」はいらない

私は大学を卒業して当金庫に入社し、2年目には支店長を任されました。理事長に就任したのは、39歳のときです。すぐに役職をいただいたこともあり、金融の実務を現場で経験する時間はまったくありませんでした。

いまでも専門知識はほとんどありません。社員たちにはいつも言っています。

「金融については、みんなのほうがよほど詳しい。だから現場のことはあなたたちに任せる。私の仕事は、問題が起きたときに解決すること。何が起きてもすべて責任はトップの自分にある。だから、安心して仕事に打ち込んでほしい」と。

そもそも、会社の全体的な運営をコントロールする経営者と、現場の実務部隊である社員とでは、役割が違います。現場のことは、それぞれの担当者が誰よりも詳しいのだから彼らに任せるべきです。

社長の仕事とは、誰よりもその分野に強い人間をリーダーに立て、そのリーダーをサポートするメンバーを集めること。

そして、彼らが全力でプレーする環境を整えることです。

現場の担当者たちが一生懸命、お客さまのために知恵を絞り、汗を流して頑張っているところに、よくわかっていない自分が何か口を挟めば、彼らの動きが止まってしまいます。かえって邪魔になることもあるでしょう。

ですから私の経営方法はシンプルです。

社員たちは、それぞれの持ち場でお客さまのために全力を尽くす。

経営者は、社員たちが安心して仕事に集中できる環境を用意する。

それに加えて私は、社員たちに「感謝」を伝えるようにしています。当金庫がたくさんの地域のお客さまから愛され、支持され、大切な資金をお預けいただけているのは、現場の社員たちがお客さまのために最善を尽くしてくれているからです。彼らの頑張りがなければ、当金庫の現在はありません。そのことに対し、私は心からありがたいと思っています。

感謝の気持ちは、相手に伝えて初めて具現化します。

「みんなのおかげで当金庫の繁栄がある。いつも本当にありがとう」

それはもう、口癖のように社員たちに伝えている言葉です。

▼知らないから独自性をつくれた

こうした考えに至るようになったのは、金融の自由化で金利や各種手数料で競争が起き、新しい金融商品が生まれるなど、金融界に大きな変化が訪れたときのことです。

これからは運用にもっと力を入れなければという機運が高まるなか、私も無知ではいられないと運用実績のある信金さんに視察に行きました。

話をうかがって驚きました。

その理事長さんは、毎朝4時には起床し、その日の相場をみて、株を売ったり買ったり集めた資金を運用するのが仕事だとおっしゃっていました。

我々が3億から4億の利益を上げていたときに、その信金さんは60億もの利益を稼ぎ出していたのですが、その投機的手法をうかがい、自分にはそんな能力はないと気づいた。

そこからです。我々は小口金融に特化していこうと明確な方針を固めたのは。そもそも信用金庫は、地域の小規模事業者や個人などのお客さまの資金を守るために誕生した金融機関です。資産運用機関ではありません。

やはり我々は原点に立ち返り、徹底して個人のお客さまのお財布代わりとしてお役に立つことに徹しよう——。

但陽信金の目指すべき方針が決まった瞬間でした。

1997年、私が43歳のときのことです。

その結果、低金利が続く厳しい環境のなか、着実に業績を伸ばしています。2018年度は、預金、貸出金とも過去最高の業容拡大を図ることができました。預金残高は前期から368億円の増、貸出金は117億円の増となっています。

私が理事長に就任してから29年間で預金高は県下13信金中11番目だったのですが、七つの信用金庫を抜いて県下11金庫中4位にまで成長しました。

しかし、私はこれまで一度も「上位金庫の預金残高、貸出金残高を越えろ」など指示したことはありません。お客さまの視点に立ったサービスの充実と利便性向上に努めた結果、自然と拡大することができたのです。

ここに、当金庫の「独自性」があります。

つまり、地元の小規模事業者と個人のお客さまのお財布代わり（小口）に徹してきたこと。ターゲットとするお客さま方が何を求めておられるか、どんなサービスを拡充すれば喜んでいただけるかに集中してきたことが、こうした数字につながったのです。

▼「選択と集中」の実践、「知的資産経営セミナー」の実施

何も特別なことをしたわけではありません。

信用金庫のそもそもの役割に徹しているだけです。自分のこととして考えてみると、よくわかります。たとえば、手元に5000万円があったとします。それを信金に預けるか、そこで資産を運用するかというと、まずしません。それだけの資産があれば、証券会社、投資信託会社など、運用を得意とする金融機関に預け、運用することを考えるでしょう。

しかし、1000万円以下の資金であれば、何かあったときのために手元に置いておきたいと考えるはずです。我々が必要とされるのは、この1000万円以下のお金を預金したい方々です。この層に特化したことで、小口の預金がどんどん集まってくるようになりました。

地域になくてはならない小口金融としての役割は、個人のお客さまと個人事業主、そして法人でも従業員が4、5人程度の零細企業。こうしたお客さまについては、メガバンクはもちろん、地方銀行もターゲットとしていません。そのような方々をしっかりと支え、救うことが信用金庫である我々の使命なのです。

零細企業を支えることの重要性のひとつとして、日本の「ものづくり」への想いがあります。大手企業は経費削減のために工場や設備、人件費などすべてが日本よりも安価なアジア圏などの海外へ拠点を移しています。すなわち「産業の空洞化」です。しかし、このままでは国内の「ものづくり」が廃れてしまいかねません。

日本にはすばらしい技術力があります。それは特に、大手企業を下支えする下請けの零細企業です。彼らは、どんなに技術力があっても、「ヒト・モノ・カネ」すべてにおいて弱点を抱えているケースがほとんどです。

そうした場合、新しい設備投資などの資金需要があっても、担保になるものがありませんから、融資してくれる金融機関がない。私はこうした技術力のある小さな企業、工場を金融の力で支えていかなければいけないと強く考えています。

従来の金融の常識のままでは、担保能力のない弱小企業は取り残されたままです。

このため当金庫では、技術力という知的財産であったり、経営者の人間性であったり、こうした有形無形の財産を担保に融資ができるしくみづくりを、いま進めているところです。

それが「知的資産経営セミナー」です。

これは、小さな会社や工場が持っている技術力や将来性、経営者の人間性といった「知的資産」を見極める能力を養うための勉強会で、経営コンサルタントや税理士、公認会計士といった専門家を講師に招き、定期的に開催しています。

「ものづくり大国、日本」が復活するには、ヒト・モノ・カネといった経営資源に乏しくとも、潜在的なポテンシャルの高い、技術力を持った零細企業を支えなければなりません。弱者を支え、可能性ある企業を見出し、支援するのが私たちの役割であり、存在理由なのです。

▼「愚直の経営」とは

経営者は器用である必要はない。愚直であるべきだと私は考えています。

愚直には二つの意味があります。

「積み重ねの美徳」と「不確実性下における美徳」の2点です。

ひとりのリーダーがどんなに利益拡大のために策を講じたとしても、それは企業をリスクにさらすだけです。企業の競争優位は、多くの従業員が現場でコツコツと積み重ねる努力からしか生まれません。それが「積み重ね」の美徳だと考えています。また、事業環境を取り巻く不確実性が高いときには、下手に対応を図れば、すぐに次の対応を迫られるだけになります。

大事なのは、変化に惑わされることなく、自社の信条を貫くことです。これが「不確実性下における美徳」です。

時流を追いかける戦略論は、かえってリスクを招きかねません。したがって、「愚直」とは、変化の激しい時代のなかで、自分たちの独自性は何かを再確認し、その強みを徹底的に磨き上げることに集中することです。

経営者は、移ろいゆくものに流されてはなりません。自分の信念、自社の理念をどこまでも貫き、永続を目指す。

これからの時代に生き残ることができる企業像とは、このような姿勢と精神を持つところなのではないでしょうか。

著者紹介

桑田純一郎（くわた・じゅんいちろう）

昭和24年生まれ。昭和47年、日本大学経済学部卒業。同年、但陽信用金庫入庫。平成2年より理事長。

NPO法人但陽ボランティアセンター理事長、更生保護法人兵庫県更生保護協会副理事長、公益財団法人近畿警察官友の会兵庫県支部長、加古川商工会議所相談役、日本遺産「銀の馬車道・鉱石の道」推進協議会副会長、兵庫県日赤有功会副会長（会長代行）。

日本赤十字社金色有功賞（平成24年）、第11回企業フィランソロピー大賞（平成26年）受賞。兵庫県功労者表彰（産業振興功労／平成26年）、黄綬褒章（平成26年）、紺綬褒章（平成28年）受章。

こんな時代《じだい》だからこそ、やっぱり会社《かいしゃ》は家族《かぞく》である

〈検印省略〉

2018年 11 月 27 日 第 1 刷発行
2023年 6 月 14 日 第 3 刷発行

著　者――桑田 純一郎（くわた・じゅんいちろう）
発行者――田賀井 弘毅

発行所――株式会社あさ出版

〒171-0022 東京都豊島区南池袋 2-9-9 第一池袋ホワイトビル 6F
電　話 03（3983）3225（販売）
　　　 03（3983）3227（編集）
F A X 03（3983）3226
U R L http://www.asa21.com/
E-mail info@asa21.com

印刷・製本（株）シナノ

note http://note.com/asapublishing/
facebook http://www.facebook.com/asapublishing
twitter http://twitter.com/asapublishing

ISBN978-4-86667-099-7 C2034

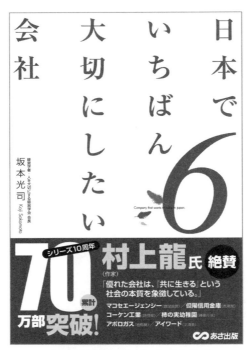